Johanna Friedl

Sprache erleben

Johanna Friedl

Sprache erleben

Sprachförderung für Kinder

Ravensburger Buchverlag

Bibliografische Information Der Deutschen Bibliothek
Die Deutsche Bibliothek verzeichnet diese Publikation
in der Deutschen Nationalbibliografie;
detaillierte bibliografische Daten sind im Internet
unter *http://dnb.ddb.de* abrufbar.

4 3 2 1 10 09 08 07

Otto Maier GmbH
Postfach 1860
88188 Ravensburg

Layout: Ulrike Schneider
Illustrationen: Antje Flad
Illustrationen Leserabe: Heribert Schulmeyer
Fotos: Claudia Rehm; außer S. 9, 17, 47, 48, 65, 68, 87 Heidi Velten
Umschlagfoto: Inmagine/Photoalto
Umschlaggestaltung: Dirk Lieb
Redaktion: Susanne Wahl

Printed in Germany

ISBN 978-3-473-55630-4

www.ravensburger.de

Inhalt

Vorwort

Der Sprachentwicklung und Kommunikationsfähigkeit unserer Kinder wird heute eine grundlegende Bedeutung für ihre gesamte Entwicklung und schulische Leistungsfähigkeit beigemessen. Nur wenn wir erkennen, wie eng der Zusammenhang zwischen der sprachlichen Entwicklung und der Gesamtentwicklung, der Entwicklung der Denkfähigkeit und der Gefühlswelt eines Kindes ist, können wir ahnen, welchen Stellenwert die Sprachförderung eines Kindes hat. Nur wer Sprache beherrscht, kann Erklärungen und Fragen richtig verstehen und seine Wünsche und Bedürfnisse, Ängste, Fantasien und Gedanken verständlich formulieren. Dem gegenüber steht die Beobachtung zunehmender Sprach- und Sprechauffälligkeiten und Verzögerungen in der Sprachentwicklung. Eine nicht altersgemäße Sprachentwicklung bleibt nicht ohne Auswirkungen auf die Kommunikationsfähigkeit und die Lern- und Leistungserfolge in der Schule. Dementsprechend wichtig ist eine rechtzeitige, gezielte, möglichst präventive Sprachförderung.

Sprache und sprechen zu können, setzt ein Gegenüber voraus – das heißt, es ist notwendig als Bezugsperson für ein Kind da zu sein und sich mit ihm zu beschäftigen. Sprachentwicklung und damit auch Sprachförderung beginnt im Elternhaus direkt nach der Geburt, vielleicht sogar schon im Mutterleib, wenn das Ungeborene Stimmen und Geräusche von außen wahrnimmt und darauf reagiert.

Entscheidend für eine altersgemäße Sprachentwicklung ist es, Kinder zum Sprechen anzuregen und ihre natürliche Freude am Sprechen und Kommunizieren zu erhalten und zu intensivieren. Dazu ist kein stures Training oder isolierte Förderung notwendig, sondern vielmehr ein ideenreiches Schaffen von spielerischen Sprechanreizen und ein kommunikationsförderndes Klima, in dem Sprache mit Freude im Alltag gepflegt wird. Das wird mög-

lich durch Spiel und Gesang mit möglichst viel Bewegung. Auch der direkte Zusammenhang zwischen einer erfolgreich verlaufenden Sprachentwicklung und regelmäßigem Vorlesen, das mehr und mehr durch Selberlesen ersetzt wird, ist dabei unübersehbar. In der ersten Stufe der Leseraben-Reihe werden Leseanfänger durch eine größere Schrift und viele den Text begleitende Bilder unterstützt. Mit wachsenden Lese- und Sprechfähigkeiten können sie eine höhere Lesestufe mit mehr Textanteil wählen; die Erweiterung des Wortschatzes und das Sprachverständnis werden so optimal unterstützt.
Dieses Buch möchte allen Kindern und allen Erwachsenen, die sich mit Kindern beschäftigen, in erster Linie viele praktische Anregungen und Ideen geben für eine fantasievolle Förderung der Sprach- und Sprechfähigkeit, eine spannende Schulung des Gehörs, für die Integration aller Sinne, die ganzheitliches Lernen erst ermöglicht, für die Anregung der Fantasie und der Denkfähigkeit. Ich möchte dazu anregen, nicht nur fördernd Defizite aufzuarbeiten, sondern in erster Linie vorbeugend tätig zu werden. Eine Förderung in Gruppen soll ebenso möglich sein wie die gezielte Förderung einzelner Kinder.
Die vielen praktischen Anregungen werden jeweils durch kurze theoretische Einführungen ergänzt. Diese Hintergrundinformationen und ein Überblick über wichtige Meilensteine der Sprachentwicklung sollen ermöglichen, Gefahren und erste Auffälligkeiten frühzeitig zu erkennen, um größere Probleme gar nicht erst entstehen zu lassen.
Eine Unterteilung nach Schwerpunkten bezüglich Haupt-Förderbereich und zusätzliche Hinweise auf weitere Förderinhalte helfen dem Leser, schnell eine passende Spiel- oder Beschäftigungsanregung zu finden.
Orientieren Sie sich bei der Auswahl an den Wünschen und Bedürfnissen Ihrer Kinder, denn wenn Kinder intensiv, konzentriert und voller Spaß spielen, lernen sie mit Freude.

Meilensteine der Sprachentwicklung

Eine normale Sprachentwicklung setzt eine differenzierte fein- und grobmotorische Koordination voraus. Schon grundlegendste Schluck- und Saugfunktionen sind wesentliche Voraussetzungen für den Spracherwerb. Auch vorsprachliche Stufen, etwa die bekannten Lall- und Imitationsphasen haben eine nicht zu unterschätzende Bedeutung.
Die Entwicklung der Sprache verläuft in verschiedenen Phasen. Das Entwicklungstempo hinsichtlich Sprachverständnis, Sprachvermögen und Sprechfreude weist eine große individuelle Spannbreite auf, ohne dass eine Entwicklungsstörung bestehen muss.

- Die erste Phase des reflexartigen Schreiens wird schon nach etwa vier bis fünf Wochen durch Äußerungen von Wohlbehagen, Hunger, Schmerz, Unlust ergänzt. Gleichzeitig reagiert der Säugling bereits auf Umweltgeräusche. Bei lauten Geräuschen zeigt er Schreckreaktionen, gleichmäßige, leise Geräusche wirken beruhigend. Das Kind zeigt deutliche Aufmerksamkeitsreaktionen bei akustischen Reizen.

- Mit dem zweiten bis dritten Lebensmonat beginnt bereits die Lallperiode. Das Kind spielt lustvoll mit den Sprechwerkzeugen und Stimmorganen, indem es einen Konsonanten und einen Vokal verbindet. Es kommt zu immer ausgiebigeren rhythmischen und melodischen Wiederholungen. Mit Kopfdrehen und Suchbewegungen reagiert das Baby in Richtung einer Schallquelle und zeigt unterschiedliche Reaktionen auf verschiedene Geräusche. Bereits mit vier Monaten erkennt es eindeutig die Stimmen seiner Bezugspersonen und mit etwa sechs Monaten kann es die Richtung, aus der ein Geräusch kommt, recht sicher ausmachen.

• Zwischen dem achten und neunten Monat beginnt das Kind Laute und Silben seiner Bezugspersonen und seiner Umwelt nachzuahmen. Das beginnende Sprachverständnis wird erkennbar. Das Kind achtet auf bekannte, oft wiederholte Wörter. Die Lautbildung ist mit Lautspielen wie Gurgeln, Blasenbildung, Sprudeln u. Ä. vermischt. Die bekannten Silben werden Gegenständen und Menschen zugeordnet. Aus mamamamam wird beispielsweise schließlich Mama. Zur gleichen Zeit reagiert ein Kind zunehmend sensibler auf Sprachmelodie, Betonung, Mimik und Gestik und lässt selbst in seinen zum Teil vorsprachlichen Äußerungen Emotionen erkennen.

• Gegen Ende des ersten Lebensjahres beginnt die Zeit der sogenannten Echolalie. Das Kind gibt nun nicht nur wieder, was es gehört hat, sondern äußert selbst erfundene Lautfolgen und Wortgebilde. Schon bald bildet es seine ersten Einwortsätze: Alles, was das Kind sagen möchte, drückt es mit einem Wort aus. Das Kind zeigt deutlich Sprachverständnis und reagiert auf einfache Aufforderungen und Verbote („Wo sind deine Augen?“ – „Nein!“).
Im Laufe einer normalen Sprachentwicklung sollte bis zu einem Alter von etwa 18 Monaten das Sprechen begonnen haben und eindeutig ein Sprachverständnis vorliegen.

• Im Lauf des zweiten Lebensjahres wird der Wortschatz ständig erweitert und das Kind beginnt Zwei- und Mehrwortsätze zu bilden. Die Absicht zu kommunizieren nimmt deutlich zu. Ein Kind in diesem Alter muss noch nicht alle Laute richtig artikulieren können – schwierige oder lange Wörter werden oft falsch gebildet, eine eigene Kindersprache mit eigenen Wortschöpfungen und grammatikalisch falschen Sätzen ist normal. Diese echte Kindersprache wird Entwicklungsstammeln genannt und verliert sich im Laufe des dritten und vierten Lebensjahres. Jetzt werden zunehmend grammatikalisch richtige Sätze gesprochen und im Laufe des vierten Lebensjahres vergrößert sich der Wortschatz enorm. Mit drei bis vier Jahren sollte ein Kind zumindest meistens auch von Fremden verstanden werden. Bis zum Ende des fünften Lebensjahres kann es sich weitgehend korrekt ausdrücken.

Ein Kind erlebt bewusst, dass es mit seiner Sprache etwas bewirken kann, wenn es das Wort ICH entdeckt. Schon bald wird es dieses Wort häufig und intensiv gebrauchen, um seinen Willen kundzutun – ein wichtiger Meilenstein in der Persönlichkeitsentwicklung. Das Kind lernt einen neuen Gegenstand handelnd und mit allen Sinnen kennen. Das heißt, es ergreift den Gegenstand, ertastet ihn mit Händen und Mund und zeigt ihn einer Bezugsperson. Diese benennt den Gegenstand. So entdeckt das Kind seine Umwelt, lernt in der direkten Interaktion mit Bezugspersonen die entsprechenden Begriffe und entwickelt ein sichere Vorstellung davon.

Das Zusammenspiel aller Sinne ist hier besonders wichtig. Gehörtes, Wörter und Sätze werden zusammen mit den sinnlichen Wahrnehmungen und Erlebnissen, die damit verbunden waren, gespeichert. Um zu verstehen, was weich, hart, heiß oder kalt bedeutet, muss ein Kind auf viele Erfahrungen mit weichen, harten, heißen und kalten Dingen zurückgreifen können. Sprachförderung muss deshalb immer auf der Entfaltung aller Sinne basieren!

Der Spracherwerb geschieht einerseits durch eigenständiges Ausprobieren (z. B. sogenannte Lallphasen im Säuglingsalter) und andererseits durch liebevolle, fördernde Hinwendung und Anregung (Erwachsene greifen z. B. bestimmte Silben auf und wiederholen sie in unterschiedlicher Lautstärke und Intensität, sie benennen einen Gegenstand, den das Kind ihnen zeigt, beantworten seine Fragen ...).

Deshalb ist eine intensive Beziehung sowie die Bereitschaft, Zeit zu schenken, eine entscheidende Wurzel der Sprachentwicklung.

TIPP

Die individuelle, echte Kindersprache sollte nicht mit einer Babysprache verwechselt werden, die entsteht, wenn Erwachsene bestimmte Silben oder Symbolwörter als Ersatz für schwierige Wörter anbieten. Es ist nicht richtig, einem Kind „Wauwau“ anstatt Hund oder „Ticktack“ anstatt Uhr zu vermitteln.

INFO

Die Entwicklung der Sprache darf nicht isoliert von der Gesamtentwicklung und der sozialen Situation eines Kindes betrachtet werden, sondern als Zusammenspiel vieler wichtiger, aber auch störanfälliger Faktoren.

Warum ist Sprachförderung so wichtig?

Eine altersgerechte Sprachentwicklung ist die Grundvoraussetzung für Lernen und Bildung; fehlende Sprachkompetenz ist für Kinder immer häufiger die entscheidende Hürde in ihrer Bildungslaufbahn.

Die Entwicklung des Kindes verläuft in sensiblen Phasen. Während dieser Phasen findet die grundlegende Entwicklung in verschiedenen Teilbereichen statt. Es ist bekannt, dass die sensible Phase der Sprachentwicklung mit etwa fünf Jahren endet. Außerhalb dieser sensiblen Phase ist die Entwicklung der Sprache und Sprechfähigkeit ungleich schwerer.

Ohne altersgerechte Sprachentwicklung kann ein Kind nicht unbehindert mit seiner Umwelt in Kontakt treten und der Aufbau von Beziehungen verläuft nicht störungsfrei oder ist teilweise gar nicht möglich. Voraussetzung für Beziehungen ist die Fähigkeit, Wünsche und Bedürfnisse, Ängste und Sorgen, Freude, Zuneigung, Gefühle und vieles mehr ausdrücken zu können und auch zu verstehen.

Wo die Wörter fehlen, ist auch die Entwicklung des Vorstellungsvermögens stark eingeschränkt. Ein Kind kann nur in Worte fassen, was es wirklich kennt, und es kennt nur wirklich, was es in Worte fassen kann. Zwischen Sprachentwicklung und Entwicklung des Denkens (kognitive Entwicklung) besteht ein untrennbarer Zusammenhang.

Und nicht zuletzt ist eine altersentsprechende Sprachentwicklung eine entscheidende Voraussetzung für den schulischen Erfolg. Nur wenn ein Kind eine Wortbedeutung kennt und versteht, kann es beim späteren Lesen den Sinn eines Textes erfassen. Nur durch das gesprochene Wort werden schreiben und lesen lernen möglich, und nur mit einem ausgeprägten Sprachvermögen kann ein Kind zunehmend differenzierte Anweisungen und Informationen aufnehmen, erfassen und umsetzen.

Sprachförderung – aber wie?

Sprache und Sprachverständnis sollten schon sehr früh gefördert werden.
Pflegen Sie das Gespräch mit einem Kind, indem Sie ihm von Ihren Erlebnissen erzählen und es anregen, über seine Erlebnisse, Wünsche und Sorgen zu sprechen, etwa bei den gemeinsamen Mahlzeiten, wenn es von Kindergarten oder Schule nach Hause kommt, während einer Autofahrt, vor dem Zubettgehen. Man sollte Kindern während des Fragealters zwischen dem dritten und vierten Lebensjahr ermutigend begegnen und Interesse zeigen. Gedanken- und lustlose Antworten führen dazu, dass ein Kind zu fragen aufhört und gleichgültig und uninteressiert seiner Umwelt begegnet. Regen Sie ein Kind dagegen an nachzufragen, wenn es etwas nicht versteht, und gehen Sie auf seine Fragen ein, wird sein Interesse wach gehalten. Dem Umgang mit guten Bilderbüchern von frühester Kindheit an kommt eine große Bedeutung zu und das Sprachverständnis und die Sprechfähigkeit eines Kindes profitieren enorm davon. Gerade mit Büchern der ersten Stufe der Leseraben-Reihe gelingt es, das Interesse an Büchern und die Leselust zu wecken.
Auch wenn Deutsch nicht Muttersprache eines Kindes ist, gelten die gleichen Voraussetzungen für einen positiven Sprachentwicklungsverlauf. Denn je besser ein Kind seine Muttersprache beherrscht, desto besser wird es auch die deutsche Sprache erlernen.

Schenken Sie der Sprachentwicklung eines Kindes Beachtung und wenden Sie sich rechtzeitig an einen Logopäden, falls Ihnen auch kleinere Ungereimtheiten auffallen. Sprachprobleme sollten möglichst vor der Einschulung behoben werden, um die Startbedingungen eines Kindes nicht unnötig zu erschweren. Begleitend und ergänzend können Eltern und Erzieher eine Menge tun:

- Eltern und Erzieher haben motivierende Funktion, das heißt sie müssen für eine zum Sprechen anregende Atmosphäre und

Umgebung sorgen. Schaffen Sie eine emotional ansprechende, angenehme Fördersituation, damit ein Kind spielerisch und mit Freude lernen kann. Vertrauen ist eine entscheidende Voraussetzung, damit ein Kind sich traut zu sprechen. Es muss auf Interesse des Gegenübers stoßen, damit seine Mitteilungsfreude nicht erlahmt.

- Helfen Sie dem Kind, Vorstellungsvermögen zu entwickeln, also eine Beziehung zwischen Wort und dazugehörigem Inhalt herstellen zu können. Begreifen, das bedeutet etwas handelnd – begreifend wahrzunehmen und zu entdecken. Aus diesem Grund sollen häufig Materialien aus der realen Welt zum Einsatz kommen, also anstatt eines Bildkärtchens mit der Abbildung eines Löffels lieber ein echter Löffel.

- Erwachsene haben zudem eine äußerst ernst zu nehmende Modellfunktion, denn Kinder orientieren sich an ihren Vorbildern und ahmen sie nach. Eltern und pädagogische Fachkräfte sollten deshalb auf ihre Artikulation, Sprechtempo, Wortwahl, Satzbau und Sprechmelodie achten.

- Wiederholungen sind erwünscht und hilfreich. Dadurch festigen und verinnerlichen Kinder Lerninhalte. Durch Wiedererkennen erhalten sie Sicherheit und erzielen Erfolgserlebnisse. Wiederholungen reizen auch unsichere Kinder zum Mitmachen und Nachahmen.

Gehen Sie zielgerichtet vor, indem Sie ein Kind zunächst genau beobachten: Wodurch wird die Kommunikationsfähigkeit des Kindes beeinträchtigt? Wo gibt es konkret Förderbedarf? Ziel muss es auch sein, die nonverbale Ausdrucksfähigkeit zu erweitern und zu verbessern. Beachten Sie alle für die Sprachentwicklung relevanten Bereiche.

Idealerweise werden Spielsituationen geschaffen, in denen Kinder ganz natürlich und von sich aus sprechen. Zwang sollte vermieden werden – das bedeutet, dass manchmal über eine ganze Weile der Erwachsene die „Versprachlichung" übernehmen muss, quasi als Angebot für das Kind, das Sprechmuster aufzunehmen, wenn es bereit dazu ist.

Ursachen von Sprachproblemen

Schon kleine Kinder erleben die Welt oft aus zweiter Hand – über Fernsehen oder Computer, nicht durch direkte Auseinandersetzung. Das bedeutet, die visuellen und auditiven Wahrnehmungskanäle sind oft die einzigen, die genutzt werden. Die Möglichkeiten zur taktilen, sinnlichen Wahrnehmung sind stark eingeschränkt und Kommunikation ist kaum nötig oder gar nicht möglich – es genügt, Knöpfe zu drücken. Sprache nur zu hören reicht jedoch nicht! Der Fernseher lässt keine Kommunikation zu und gibt keine emotionale Zuwendung. Fragen, Anmerkungen, Zwischenrufe sind nicht möglich und bleiben ohne Reaktion und unbeantwortet.
Viele Erwachsene sprechen heute zu wenig mit Kindern. Sprache kann man aber nur durch Sprechen lernen. Dazu ist es notwendig, sich einem Kind zuzuwenden, Zeit mit ihm zu verbringen und sich mit ihm zu unterhalten.

Sprachstörungen

Stammeln – Dyslalie (Aussprachefehler)

Stammeln ist eine Störung der Artikulation, bei der einzelne Laute oder Lautverbindungen ganz fehlen, falsch gebildet oder durch andere ersetzt werden. Beispiel: „Ich dehe in den Tinderdarten." Jedes Kind durchläuft eine völlig normale Phase des sogenannten Entwicklungsstammelns, die etwa bis zum vierten Lebensjahr im Rahmen einer normalen Sprachentwicklung überwunden wird. Manche Kinder haben nur mit einem einzelnen Laut Schwierigkeiten, andere lassen zwei oder mehr Laute aus oder ersetzen sie. Es ist auch denkbar, dass ein Kind einen Laut zwar bilden kann, ihn aber nicht anwendet. Der häufigste und bekannteste Stammelfehler ist das Lispeln.
Für Kinder mit Lautbildungsproblemen sind ganz besonders die phonetischen Spiele zu empfehlen. Da ein direkter Zusammenhang zwischen der Handmotorik und der Mundmotorik besteht, ist neben Übungen für die gesamte Mundmuskulatur und Mundmotorik unbedingt auch ein Training der Hand- und Fingergeschicklichkeit angezeigt (kneten, Papier reißen, Fingerspiele).

TIPP
Die direkte Auswirkung der Handmotorik auf die Zungenmuskulatur lässt sich leicht nachvollziehen, wenn beispielsweise mit den Fingern auf eine Unterlage gedrückt wird und unwillkürlich Spannung in der Zungenmuskulatur zu verspüren ist.

Redeflussstörung (Stottern und Poltern)

Stottern meint eine Störung des Redeflusses, deren Ursachen sehr unterschiedlich sein können. Zwischen zwei und vier Jahren gibt es oft eine Phase des entwicklungsbedingten, ganz normalen Stotterns. Die Sprechgeschicklichkeit kann in dieser Zeit mit dem Denkvermögen und dem Sprachverständnis nicht mithalten und das Kind findet oft nicht schnell genug das richtige Wort. Normalerweise ist diese Phase nach drei bis vier Monaten überwunden. Von Poltern wird gesprochen, wenn ganze Laute, Endsilben oder Wörter ausgelassen und verschluckt werden. Poltern entsteht häufig bei überstürztem Sprechen.

Wenn ein Kind sehr häufig Silben, Wörter oder ganze Satzteile wiederholt und Wörter stark verlängert (Mmmmutti), hat es möglicherweise größere Schwierigkeiten im Redefluss. Es ist wichtig, Kindern mit Redeflussstörungen geduldig zuzuhören und sie unbedingt aussprechen zu lassen. Unterbrechungen oder Ermahnungen langsam zu sprechen, das Ergänzen der Wörter sowie die Aufforderung zur Wiederholung wirken dabei kontraproduktiv.
Kinder mit Redeflussstörungen werden durch Spiele, Reime und Lieder vom Sprechen abgelenkt und haben dadurch viele Erfolgserlebnisse, die sie ermutigen.

Verzögerte Sprachentwicklung

Von einer verzögerten Sprachentwicklung wird gesprochen, wenn ein Kind erst sehr spät, etwa ab dem dritten Lebensjahr zu sprechen beginnt. Fehlerhafte Artikulation, Sätze, die nur aus aneinanderdergereihten Wörtern bestehen, sehr geringer Wortschatz und Babysprache können typisch sein.
Eine leichte Verzögerung fällt zunächst kaum auf. Kinder mit einer verzögerten Sprachentwicklung sprechen von sich selbst oft in der dritten Person (nicht: „Ich habe Hunger." Sondern: „Tim hat Hunger."). Hier können Spiele mit sich häufig wiederholenden Satzmustern nützlich sein (z. B. Bilderlotto: Wer hat den Hund? Ich habe den Hund.). Außerdem sind Spiele mit dem Spiegel und Spiele, die zu einer verstärkten Selbstwahrnehmung führen, hilfreich.

Dysgrammatismus

Grammatikalisch richtig zu sprechen bedeutet, bestimmte Formen und Regeln im Sprachgebrauch anzuwenden oder einzuhalten. In der Muttersprache „funktioniert" dies zunächst in erster Linie „nach Gefühl".

Ein entwicklungsbedingter Dysgrammatismus ist Teil des normalen Spracherwerbs, sollte aber bis zum vierten Lebensjahr bei einfachen Sätzen überwunden sein.
Leichter Dysgrammatismus fällt auf den ersten Blick nicht auf: Artikel werden nicht immer richtig angewandt, das Konjugieren und Deklinieren gelingt nicht immer. Auffälliger wird es, wenn ein Kind von sich aus keine Sätze spricht und die „Ich"-Form nicht anwendet.
Schwerer Dysgrammatismus liegt vor, wenn ein Kind keine Sätze nachsprechen kann und selbst keine Sätze bildet, sondern nur Wörter aneinanderreiht und bestenfalls in Einwortsätzen spricht. Es ist sinnvoll ein Kind mit diesen Schwierigkeiten aussprechen zu lassen und den Satz selbst richtig zu wiederholen – Sätze nachsprechen zu lassen, bringt keinen Erfolg und frustriert die Kinder unnötig. Sprechvorbilder sollten auf einfache Sätze achten und Kinder auch im Alltag nicht mit komplizierten Sätzen verwirren. Die Höraufmerksamkeit sollte zusätzlich trainiert werden, damit die Kinder sich Sätze einprägen können.

Störungen des Stimmklangs (Näseln)

Hier liegen meist organische Ursachen, z. B. Gaumenspalte, Lippenspalte, Kieferspalte vor. Ein operativer Eingriff ist erforderlich und logopädische und kieferorthopädische Maßnahmen sind hilfreich. Gelegentlich kommt es auch nach einer Mandeloperation zu Problemen durch eine schmerzbedingte Schonhaltung. Des Weiteren können Polypen oder chronischer Schnupfen zu einer „näselnden" Sprache führen.
Manchmal sind aber auch keine organischen Ursachen für eine Stimmklangstörung auszumachen.
Hilfreich ist ein Training der Sprechwerkzeuge, etwa durch Blasespiele oder durch körperlich anstrengende, kraftaufwendige Aktionen (Ziehen, Schieben, Drücken von schweren Gegenständen). Dabei kommt es zu einer Straffung des Gaumensegels.

Checkliste sprachliche Fähigkeiten

- Hört das Kind gut?
- Kann es zuhören, versteht es Anweisungen und kann sie (auch mehrere) umsetzen?
- Wird es auch von Personen verstanden, die nicht mit ihm vertraut sind? Bildet es Laute und Sätze richtig?
- Kann es Geschichten und Erzählungen folgen und sie sinngemäß und folgerichtig wiedergeben?
- Versteht es Anweisungen und Aufforderungen und kann sie umsetzen?
- Spricht und erzählt das Kind gern? Kann es seine Wünsche und Bedürfnisse äußern und über Probleme sprechen?

TIPP

Eine Unterbrechung mit der Feststellung oder Frage: „Ich habe dich nicht verstanden, was hast du gesagt?", wirkt blockierend. Ermutigend wirkt es, wenn Aussagen, die nicht sicher verstanden wurden, interpretierend wiederholt werden, z. B. „So, du möchtest nach draußen gehen."

Wann sollte ein Kind einer Fachkraft vorgestellt werden?

Zunächst ist es entscheidend, Schwierigkeiten zu erkennen und das eigene Verhalten darauf einzustellen. Manche Sprachstörungen fallen schnell auf und werden leicht erkannt. Verzögerungen können nicht immer sicher erfasst werden, weil die Sprachentwicklung nicht gleichmäßig verläuft. Erzieherinnen mit etwas Erfahrung haben aber gute Vergleichsmöglichkeiten und können einen ersten Rat geben. Bei Unsicherheiten können sie die erste Anlaufstelle sein.

Wenn Eltern, Erzieherinnen oder andere Bezugspersonen des Kindes größere Abweichungen beobachten, sollte das Kind auf jeden Fall einem Fachmann vorgestellt werden, denn nur er kann eine eindeutige Diagnose treffen und ein Übungsprogramm zusammenstellen. Eine Therapie sollte bis zum Schuleintritt möglichst abgeschlossen sein.

Durch Spiele und gezielte spielerische Übungen, die Spaß machen, können Kinder ergänzend unterstützt werden.

Phonetische Spiele

Training der Artikulationsfähigkeit

Einzelne Laute richtig bilden und deutlich aussprechen zu können, ist eine wichtige Voraussetzung des aktiven, verständlichen Sprechens. Für eine klare Artikulation ist eine differenzierte Motorik der Sprechwerkzeuge von entscheidender Bedeutung. Hier kann es hilfreich sein, zu wissen, wo die einzelnen Laute gebildet werden:

- Lippenlaute: B und P (als Verschlusslaut zwischen beiden Lippen); M als Nasenlaut; W, F, V als Reibelaut.
- Zahn- und Zungenlaute: D und T (Zungenspitze gegen die oberen Schneidezähne); R als Zungenspitzen-R; L als Halbvokal; N als Nasenlaut; S, Z, SCH als Reibelaute.
- Gaumenlaute: G und K als Verschlusslaute; CH und J als Reibelaut zwischen Zungenrücken und Gaumen („ich-Laut"); R als „Zäpfchen-R"; NG und NK als Nasenlaut.
- Rachenlaute: CH als Reibelaut zwischen Zungenspitze und Rachenwand („ach-Laut").
- Kehlkopflaut: H als Hauchlaut.

Für die Mundmuskulatur ist es sehr zuträglich, wenn Kinder regelmäßig „etwas zu beißen bekommen" – kräftiges Beißen und Kauen sind ein ausgezeichnetes Training. Gurgeln beim Zähneputzen ist ebenso hilfreich wie Trinken mit einem Strohhalm, Kerzen und Streichhölzer ausblasen, Seifenblasen pusten, auf einer Mundharmonika oder Flöte blasen u.v.m.
Die Geschicklichkeit der Zunge und der Lippen, die gesamte Mundmuskulatur lässt sich spielerisch trainieren und sollte regelmäßig ausgebildet werden. Das kann eine lustige Angelegenheit sein, die den Kindern viel Spaß bereitet.
Es ist sinnvoll zu beobachten, welche Laute ein Kind nicht bildet oder nicht bilden kann. So kann gezielt geübt werden.

Zungenspiele

Vorbereitung: Bevor mit den eigentlichen Zungenübungen begonnen wird, turnen die Kinder: Sie machen sich klein und groß, bewegen sich von einem Bein auf das andere hin und her, drehen sich im Kreis …

Genau wie der ganze Körper soll nun die Zunge noch ein wenig turnen und tanzen:

- Sie soll auf der Oberlippe, später auf der Unterlippe von einem zum anderen Mundwinkel geführt werden.
- Sie soll zur Nasenspitze zeigen – kann sie die Nasenspitze berühren? Die Zunge soll zum Kinn zeigen.
- Das Kätzchen leckt Milch ab – die Zunge soll im Kreis herum tanzen und dabei die Lippen abschlecken.
- Die Zunge soll sich zwischen Lippen und Zähnen oder in den Wangen verstecken, die Backen ausbeulen. Die Spielleitung kann von außen tastend danach suchen.
- Die Schlange züngelt – die Zunge soll ein kleines bisschen und ganz weit herausgestreckt werden, schnell herausschnellen und sich wieder verstecken …
- Der Großvater weiß nicht sicher, ob er alle Zähne im Mund hat – die Zunge soll die Zähne zählen und dabei jeden Zahn antippen.
- Der Biber putzt seine Zähne weil er keine Zahnbürste hat, putzt die Zunge gründlich die Zähne.
- Die Zunge soll den ganzen Mund putzen, den Gaumen, die Wangeninnenseiten …

Alter: ab 3–4 Jahren
Anzahl: ein Kind und mehr
Förderbereiche: Artikulation, Lautbildung, Motorik, Feinmotorik/Koordination, Körperwahrnehmung
Materialien: keine, eventuell Spiegel

TIPP
Kinder beobachten sich bei diesen Spielen gerne im Spiegel. Kleine Geschichten dazu erhöhen den Spaß.

Strohhalmbart und andere Strohhalmspielereien

Materialien: Strohhalme, eventuell Spiegel

Das Kind hält den Strohhalm als Bart unter der Nase fest – aber nicht etwa mit der Hand, sondern mit der Zunge. Der Strohhalm wird quer über die weit herausgestreckte Zunge gelegt und möglichst lange darauf balanciert.

Flaschensauger

Materialien: Flaschen in verschiedenen Größen

Die Zunge soll die Flasche verschließen, dazu wird sie tief in die Flasche „gebohrt". Ein kleines Fläschchen wird fest angesaugt und dann an die Zunge gehängt.

Hungriges Kätzchen

Materialien: Kekskrümel, Brotbrösel

Das Kind wird zum hungrigen Kätzchen. Es nimmt die Krümel, die auf einem Teller verteilt wurden abwechselnd mit der Zungenspitze und den Lippen auf.

Schmatzendes Luftbussi

Das Kind macht einen Kussmund, saugt fest an und löst mit einem Knall die Spannung wieder.

Fischunterhaltung

Die Lippen werden möglichst laut „ploppend" geöffnet und geschlossen. Auf diese Weise unterhalten sich mehrere Fischkinder miteinander.

Mundmaler

Das Kind nimmt den Stift in den Mund und malt damit ein einfaches Bild, etwa eine Sonne, einen Mond …
Es kann hilfreich sein, das Papier vorher festzukleben.

Materialien: Papier, weicher Buntstift oder Filzstift

Zuckerschlecker

Die Fingerspitzen beider Hände werden entweder in der Vorstellung oder ausnahmsweise auch mal wirklich in ein Schälchen mit Zucker getaucht. Jetzt wird jeder Finger einzeln ausgiebig abgeleckt. Zur Abwechslung kann auch aus einer flachen Schale geleckt werden.

Materialien: keine, eventuell Zucker

Zungenkommando

Das Kind darf mit der Zunge Kommandos geben, wohin sich die Mitspieler bewegen sollen, nach rechts und links, strecken und bücken, sich im Kreis drehen, schnell hin und her …

Lippenspiele

Alter: ab 3–4 Jahren
Anzahl: ein Kind und mehr
Förderbereiche: Artikulation, Lautbildung, Motorik, Feinmotorik/Koordination, Körperwahrnehmung

Geschickte Lippen sind für die korrekte Bildung der meisten Laute und damit für eine klare, gut verständliche Aussprache unverzichtbar.

Clownerien

Materialien: eventuell Spiegel, Strohhalme, Stifte

- Die Lippen rund machen und in verschiedenen Tonlagen (fröhlich, überrascht, traurig) O-Laute von sich geben.
- Die Unterlippe auf die Oberlippe legen, dann die Oberlippe auf die Unterlippe legen.
- In alle Richtungen einen schiefen Mund formen.
- Die Lippen nach innen ziehen und darauf kauen.
  - Die Lippen fest aufeinanderpressen, dabei eventuell eine Teigkugel flach drücken.
    - Strohhalm oder Stift zwischen Nase und Oberlippe festklemmen und dann den Kopf schütteln.
- Lippen locker aufeinanderlegen und durch Hervorpressen von Luft schnell vibrierend bewegen, sodass ein Brrr-Laut entsteht (Indianer- oder Pferdchenlaut). Dazu kann auch ein Reiterspiel gespielt werden.

Staubsauger

Materialien: Strohhalme, Papierschnipsel, Styroporchips, Bohnen oder kleine Schokolinsen, kleine Schalen oder Teller

Vorbereitung: Auf dem Tisch werden Papierschnipsel, Bohnen oder Ähnliches verteilt.

Ein oder mehrere Kinder sitzen am Tisch. Jedes Kind erhält einen Plastiktrinkhalm und eine kleine Schale. Die Kinder sollen mit ihrem Trinkhalm möglichst viele Teilchen ansaugen und in ihre Schalen legen. Die Hände dürfen nicht zum Einsatz kommen. Wird um die Wette gespielt, zählt jedes Kind, wie viele Teilchen sich in seiner Schale befinden.
Schwieriger wird es, wenn der Strohhalm nicht mit den Händen, sondern nur mit den Lippen festgehalten wird.

TIPP
Mehr Bewegung kommt ins Spiel, wenn die Schalen mit etwas Entfernung zum Tisch aufgestellt werden.
Die Kinder sollen dann zwischen Tisch und Schalen hin- und herlaufen.

Schieberei

Vorbereitung: Auf dem Boden oder dem Tisch wird eine Rennbahn mit Klebeband markiert.

Materialien: Eierlöffel oder Spatel (vom Arzt), kleine Gegenstände, wie Kronkorken, Nüsse, Schokolinsen …, Klebeband

Das Kind soll einen kleinen Gegenstand entlang der Markierung schieben. Dazu muss es den Löffel oder Spatel in den Mund nehmen und ohne Zuhilfenahme der Hände, nur mit dem Mund, arbeiten. Auch hier ist natürlich ein Wettspiel möglich.

Transporter

Die Ladung wird auf den Löffel gelegt, der Löffelstiel wird in den Mund gesteckt und eine Weile darin gehalten, während die Ladung zu dem dafür vorgesehenen Behälter gebracht wird. Ohne dass der Löffel mit den Händen berührt wird, wird die Ladung abgekippt.

Materialien: kleine Löffel, geeignete „Ladung", z. B. Schokolinsen, Gummibärchen, Nüsse …, Körbchen o. Ä.

Stifte versenken

Vorbereitung: An einem Ende des Wollfadens wird eine Perle, am anderen Ende ein Bleistift festgebunden. Vor jedem Kind wird eine Flasche aufgestellt.

Materialien: Flaschen mit weiter Öffnung, Wollfäden, Stifte

Die Kinder halten die Perlen im Mund und versuchen ohne Zuhilfenahme der Hände den Stift in der Flasche zu versenken. Ältere Kinder können um die Wette spielen.

Kirschen sammeln

Materialien: Knöpfe, Körbchen

Vorbereitung: Die Knöpfe werden als Kirschen auf dem Tisch verteilt.

Das Kind sammelt die Knöpfe mit den Lippen ein und legt sie in den Korb. Wer kann die meisten Kirschen ernten?

Babyvogel

Die Wangen werden möglichst stark zwischen die Zähne gezogen, die Lippen gespitzt. Wenn nun Luft eingesaugt wird, entsteht ein piepsendes Geräusch, das wie ein junger Vogel klingt.

Lippenputzer

Materialien: eventuell Honig, Marmelade oder Nutella

Die Lippen können, müssen aber nicht bestrichen werden. Die unteren Zähne tun so oder kratzen tatsächlich die oberen Lippen sauber, die oberen Zähne die unteren Lippen.

Kussmund

Materialien: Lippenstift, Papier oder Papiertaschentuch, Spiegel

Die Lippen werden mit Lippenstift geschminkt. Das Kind kann auf Papier oder einem Spiegel seine Abdrücke hinterlassen. Dabei kann es ruhig experimentieren und beispielsweise ganz schmale Lippen machen, den Mund öffnen oder schließen …

Blase- und Pustespiele

Das geschickte Zusammenwirken von Lippenbewegung und Lenkung des Luftstromes erleichtert die Bildung vieler Laute.

Es wird zwischen leichtem und starkem Blasen, Hauchen und Pfeifen unterschieden. Beim Blasen sollten die Wangen nicht dick aufgeblasen, sondern schmal sein, während die Lippen nach vorne gespitzt sind.

Alter: ab 3 – 4 Jahren,
Anzahl: ein Kind und mehr
Förderbereiche: Artikulation, Lautbildung, Motorik, Feinmotorik/Koordination, Körperwahrnehmung

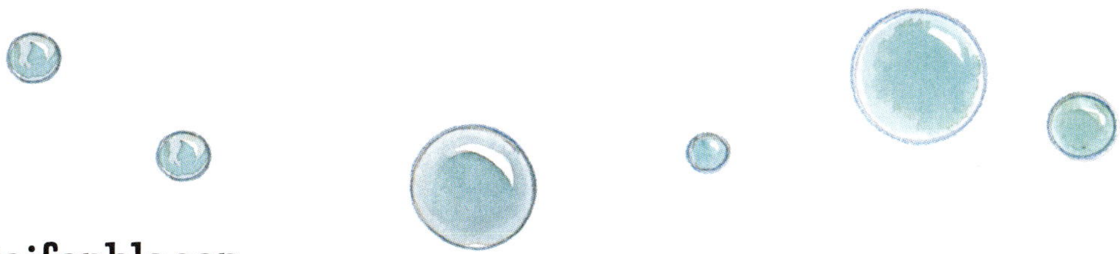

Seifenblasen

Fast alle Kinder sind von schillernden Seifenblasen fasziniert. Mit etwas Übung gelingt es ihnen immer besser, die Stärke ihres Luftstromes so zu kontrollieren, dass auch größere Seifenblasen entstehen.

Materialien: Seifenblasen aus dem Handel

Federntanz

Jedes Kind legt sich eine Feder auf die flache Hand und bläst sie auf ein Startsignal hin in die Luft. Wer kann nur durch Blasen seine Feder am längsten in der Luft halten?

Materialien: Federn

Luftballons blasen

Das Aufblasen von Luftballons gelingt erst etwas älteren Kindern. Für die jüngeren können aufgeblasene Luftballons von der Decke aufhängt werden. Diese Luftballons sollen durch Blasen in Bewegung versetzt werden.

Materialien: Luftballons, Schnur

Blasrohr

Materialien: schmale Papprollen, Watte, oder einen dünneren und einen dickeren Strohhalm

Die Watte wird auf der einen Seite in das Papprohr gelegt und mit einem kräftigen Puster wieder aus dem Rohr befördert.

Oder: Der dünnere Halm wird in den dickeren gesteckt und herausgepustet. Wessen Halm fliegt am weitesten?

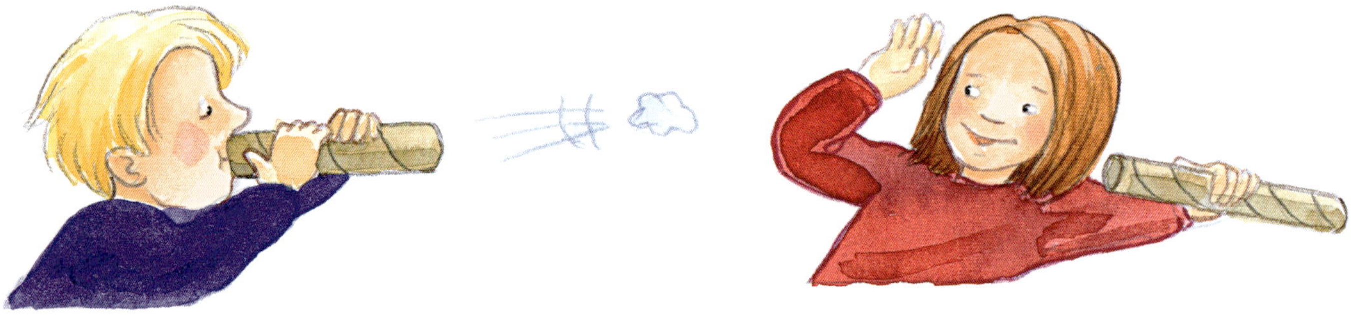

Wassersprudel

Materialien: Glas, Wasser oder Limo, Strohhalm

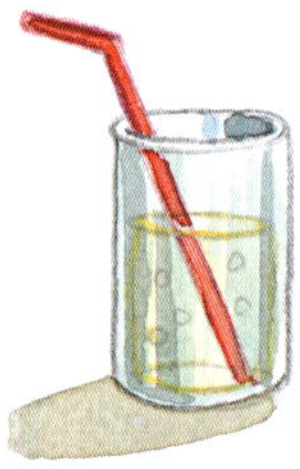

Auch wenn es normalerweise eher als Unart gilt, für dieses „Training“ ist es erlaubt, in ein Glas mit Wasser oder Limo zu blasen – und zwar so fest wie möglich!

Watte pusten

Materialien: Wattebausch, Feder oder Tischtennisball, eventuell Strohhalm, eventuell Sanduhr

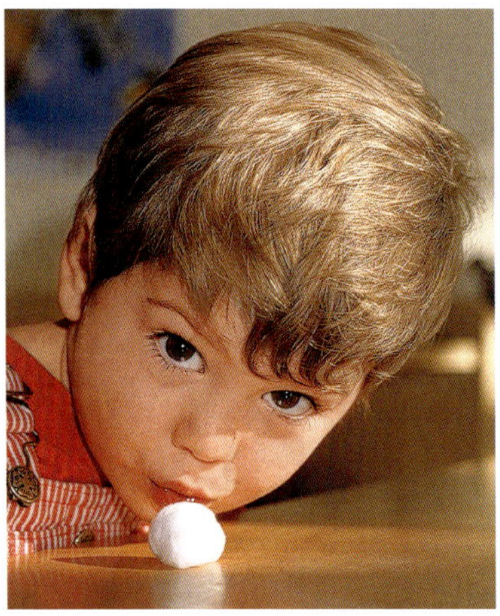

Vorbereitung: Die Kinder üben zunächst, den Wattebausch gezielt zu bewegen, das ist nämlich gar nicht so einfach. Am Anfang kann es hilfreich sein, mit einem Strohhalm zu pusten; das führt dazu, dass die Lippen gespitzt werden und der Luftstrom sich so viel leichter lenken lässt.

Alle Kinder setzen sich an einen Tisch und legen den Wattebausch in die Mitte. Nach dem Startsignal blasen alle nach dem Wattebausch, mit dem Ziel, ihn vom Tisch zu pusten, beziehungsweise ihn daran zu hindern, auf der eigenen Seite herunterzufallen. Die Hände dürfen dabei nicht zum Einsatz kommen.

Für ältere Kinder: Wer den Wattebausch herunterfallen lässt, scheidet aus oder gibt ein Pfand.

Variationen:

- Auf dem Tisch wird mit Bausteinen, Tassen oder dergleichen eine Hindernisbahn aufgebaut und Start und Zielpunkt bestimmt. Das Kind bläst den Wattebausch oder die Feder den Parcours entlang bis ins Ziel. Wer schon geübt ist, kann sogar auf Zeit pusten.
- Oder es wird eine Startlinie markiert und ein Wettweitpusten veranstaltet. Jedes Kind darf nur einmal pusten und die Stelle markieren, wo der Wattebausch gelandet ist. Wer hat am meisten Puste und kann am weitesten blasen?
- Der Wattebausch kann auch auf einem glatten Boden quer durch das ganze Zimmer gepustet werden. Dazu liegt, kriecht oder krabbelt das Kind. Natürlich können ältere Kinder wieder um die Wette oder auf Zeit pusten.
- Watte hauchen kann dann zum Einsatz kommen, wenn ein Kind den Laut H nicht bilden kann. Die Watte wird nicht durch Pusten, sondern durch Anhauchen oder das Sprechen von Wörtern mit dem Anlaut H bewegt.

Perlenbild

Die Perle wird in Fingerfarbe getaucht und auf die Pappe gelegt. Indem sie über die Pappe gepustet wird, hinterlässt sie Spuren. Wenn die Perle keine Farbe mehr abgibt, wird sie in eine andere Farbe getaucht und wieder über die Pappe gepustet. So entsteht ein buntes „Perlenspurenkunstwerk“. Wenn es getrocknet ist, können an die Start- und Zielpunkte kleine Bilder gemalt werden (z. B. Angler und Fisch) und die unterschiedlichen Farbspuren mit dem Finger verfolgt werden.

Materialien: Pappe mit Rand (z. B. Deckel eines Schuhkartons), mittelgroße Perle oder Tischtennisball, dünnflüssige Fingerfarbe

Pustebilder – Feuerwerke

Materialien: Papier, Wasserfarben, Pinsel oder Pipette, Strohhalm

Das Kind lässt entweder mit dem Pinsel oder mit der Pipette mehrere bunte Farbkleckse auf das Papier fallen. Es richtet den Trinkhalm auf den Klecks und bläst hinein. Auf diese Weise „explodiert" der Farbtropfen. Dabei entstehen faszinierende Effekte.

Variation: Auf das Papier werden ein oder mehrere Tore gemalt. Ziel ist es, mit den Farbspuren in die Tore zu treffen.

Unwetterwarnung

Materialien: Schminkstifte

Vorbereitung: Auf jede Fingerspitze wird ein lustiges Gesicht gemalt.

Das Kind spreizt alle Finger und schließt die Augen. Ein Unwetter ist im Anmarsch. Die Fingerfiguren sollen sofort nach Hause gehen, sobald ein erster Luftzug das nahende Unwetter ankündigt. Jetzt bläst das Kind blind langsam Finger für Finger an. Sobald der Luftstrom einen Finger trifft, wird er eingezogen.

Variation: Die Spielleitung malt sich selbst die Gesichter auf die Fingerkuppen und schließt die Augen. Das Kind soll gezielt jeweils den Finger anblasen, den die Spielleitung nennt. Sobald die Spielleitung den Luftzug spürt, zieht sie den Finger ein. So prägen sich mit der Zeit auch die Namen der einzelnen Finger ein.

Schiffchen fahren lassen

Materialien: Schüssel mit Wasser, Kronkorken, Walnusshälften o.Ä. als Schiffchen

Zwei Kinder sitzen einander gegenüber, eine Schüssel mit Wasser steht zwischen ihnen. Durch kräftiges Blasen lassen sie das Schiffchen hin und her fahren.

Eierblasen

In jede Vertiefung des Eierkartons wird ein Wattebausch (Ei) gelegt. Das Kind soll alle Eier aus dem Karton blasen. Mehrere Kinder können auch um die Wette spielen.

Materialien: Eierkartons, Watte oder Tischtennisbälle

Handgespräche

Kinder, die undeutlich sprechen und beispielsweise P und B nicht gut unterscheiden können, nehmen diese Laute ganz anders wahr, wenn sie in die Hand gesprochen werden, weil dann der Luftdruck, der beim Sprechen entsteht, deutlich gefühlt werden kann. Es kann auch ein Blatt Papier lose gehalten und „besprochen" werden – auf diese Weise ist der Unterschied ebenso gut erkennbar.

Spiegel blind hauchen

Vorbereitung: Das Kind sollte zunächst ein paarmal in die Hand hauchen, um die Luftbewegung und die Wärme zu spüren.

Ein Spiegel (ersatzweise eine Fensterscheibe) wird so lange angehaucht, bis er beschlägt. Auf diese Weise können auch Tiere oder Figuren an die Scheibe gehaucht werden.

Materialien: Spiegel

Häuser abdecken

Auf die Gläser (Häuser) wird jeweils ein Stapel Karten gelegt. Das Haus soll durch Blasen abgedeckt werden. Schwierig wird es, wenn immer nur eine Karte herunter geblasen werden soll.

Materialien: Gläser, Spielkarten

Spiele zur Bildung von Rachenlauten

Alter: ab 3–4 Jahren,
Anzahl: ein Kind und mehr
Förderbereiche: Artikulation, Lautbildung, Motorik, Feinmotorik/Koordination, Körperwahrnehmung

Um Rachenlaute bilden und wie ein Tiger fauchen zu können, müssen Zunge und Rachenwand gut zusammenarbeiten. Dies wird mit den folgenden Spielen trainiert.

Gurgeln

Material: Wasser

TIPP
Hält das Kind die Hand an den Hals, kann es die Vibrationen spüren.

Das Kind hält den Kopf leicht nach hinten geneigt. Eine sehr kleine Menge Wasser (höchstens ein Teelöffel) wird auf die Zunge des Kindes gegossen. Jetzt probiert das Kind zu gurgeln.

Schnarchen

Ein Kind spielt den Zauberer, der alle um sich herum in einen tiefen Schlaf versetzt, sobald er sie mit der Hand an der Stirn berührt. Wer verzaubert wurde, soll ganz laut schnarchen, damit ein Mitspieler ihn retten kann, indem er ihn an der Nase berührt und dadurch wieder aufweckt. Wichtig ist dabei, dass die Kinder nur beim Ausatmen schnarchen.

Artikulationsspiele

Um gut verstanden zu werden genügt es nicht, alle Laute bilden zu können – entscheidend ist eine klare, deutliche Aussprache.

Alter: ab 5–6 Jahren,
Anzahl: zwei Kinder und mehr
Förderbereiche: Artikulation (deutlich sprechen), Lautbildung, Feinmotorik/Koordination, Körperwahrnehmung, Sprechfreude, Ausdruck, Wortschatz, Sprachverständnis, Zuhören/Sinn erfassen, Konzentration, Kommunikation (erzählen, freies Sprechen), argumentieren, Fantasie

Stille Post

Anzahl: fünf Kinder und mehr

Alle sitzen im Kreis. Die Spielleitung beginnt und spricht einem Kind leise ein Wort oder einen kurzen Satz ins Ohr. Das Kind gibt das Wort oder den Satz an das nächste Kind weiter. Rückfragen sind nicht erlaubt. Der letzte Mitspieler verkündet, was er gerade gehört hat – stimmt es mit dem überein, was der erste Spieler gesagt hat? Oft entstehen lustig verdreht Wörter, die mit der Ausgangsnachricht nicht mehr viel zu tun haben.

Lippen lesen

Die Kinder sitzen einander am besten gegenüber. Ein Kind beginnt und spricht ein Wort oder sogar einen ganzen Satz so deutlich wie nur möglich – dabei formt es allerdings nur die Lippen und gibt keinen Ton von sich. Wenn der Mitspieler meint, er habe das Wort (oder den Satz) verstanden, spricht er es laut aus. Ist das Wort richtig, darf das Kind selbst ein neues Wort lautlos sprechen.

INFO
Es bedarf einiger Übung, bis sich die Kinder lautlos verstehen, aber mit der Zeit gelingt es ihnen sogar, sich auf diese Weise zu unterhalten.

Fadenisch – Breitmaulfroschisch

Materialien: ein Stück Wollfaden

Ein Kind klemmt sich einen Wollfaden zwischen Nase und Oberlippe. Ohne den Faden zu verlieren, soll das Kind alles, was ihm vorgegeben wird, nachsprechen. Natürlich denken sich die anderen Kinder möglichst komplizierte Wörter und Sätze aus und die Übersetzung in Fadenisch ist nicht immer leicht zu verstehen. Später werden die Rollen getauscht.

Variation: Mit den Zeigefingern beider Hände wird der Mund möglichst breit gezogen und die Sprache eines „Breitmaulfrosches" gesprochen.

Spiele für die Wangenmuskulatur

Alter: ab 3–4 Jahren,
Anzahl: ein Kind und mehr
Förderbereiche: Artikulation, Lautbildung, Motorik, Koordination, Körperwahrnehmung

Eine gestärkte Wangenmuskulatur führt zu einer deutlich verbesserten Artikulationsfähigkeit.

Erstes Pfeifen

Mit gespitzten Lippen wird leise und immer stärker und schneller werdend „thhhhüthüthü" gesprochen – so lange, bis ein Pfeifton entsteht.

Hamsterbacken und Dampfmaschine

Die rechte und die linke Wange abwechselnd aufblasen und dagegenklopfen, sodass die Luft hörbar entweicht. Bei geschlossenem Mund mit der Zunge die Backen von innen „ausbeulen". Mit der Zunge oder dem Finger die Wangen von innen „putzen".

Zungenbrecher

Um Zungenbrecher verstehen und sprechen zu können, müssen sehr ähnlich klingende Laute erkannt und unterschieden werden. Das Nachsprechen der oft schwierigen Lautverbindungen ist eine hervorragende Übung für die Sprechfertigkeit, die Kindern großen Spaß macht. Meist müssen viele ähnlich klingende Wörter oder Wörter mit gleichen Anlauten sehr schnell und trotzdem verständlich artikuliert werden – das ist die reinste Zungenakrobatik. Auch wenn die Kinder oft miteinander wetteifern, sind Versprecher kein Problem, weil sie komisch wirken und Sprecher und Zuhörer gleichermaßen zum Lachen bringen.

Alter: ab 3–4 Jahren
Anzahl: ein Kind und mehr
Förderbereiche: Sprechfreude, Lautbildung, Konzentration, Gedächtnis, akustische Differenzierung (sehr ähnlich klingende Laute erkennen und unterscheiden), Rhythmus, Artikulation, Fantasie

Die Klapperschlangen (Zungenbrecherlied)

überliefert

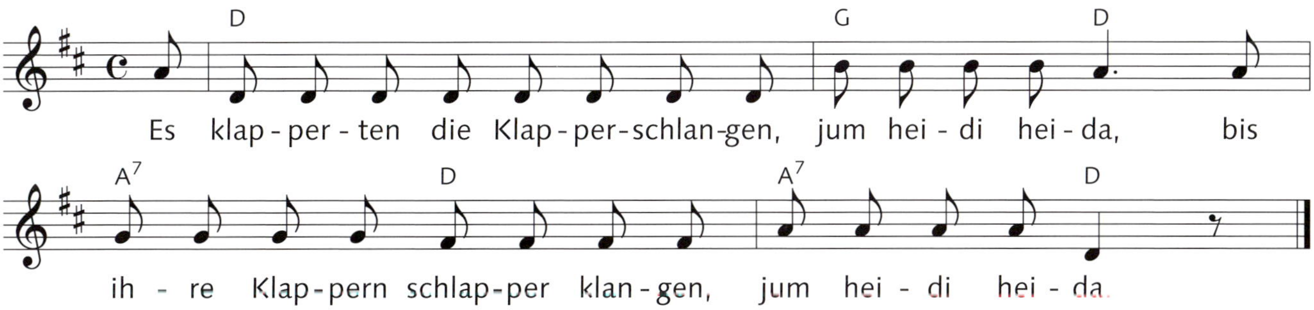

Die Kinder sprechen den Text mehrmals (ohne jumheidi). Später singen sie den Text zu den Noten. Das Singen vereinfacht die Aussprache, weil das Tempo gedrosselt wird.

Zungenbrecher – eine Auswahl

Dem Kind wird ein Zungenbrechervers ein paarmal vorgesprochen, bevor es ihn allein möglichst schnell und fehlerfrei wiederholt. Ältere Kinder können schon um die Wette spielen: Wer schafft es, die Zungenbrecher am häufigsten oder am schnellsten zu wiederholen, ohne einen Fehler zu machen?

Beispiele:

- Als Anna abends aß, aß Anna abends Ananas.
- In Ulm und um Ulm und rund um Ulm herum.
- Blaukraut bleibt Blaukraut und Brautkleid bleibt Brautkleid.
- Bürsten mit schwarzen Borsten bürsten besser als Bürsten mit weißen Borsten.
- Fischers Fritz fischt frische Fische, frische Fische fischt Fischers Fritz.
- Die Katze tritt die Treppe krumm.
- Esel essen Nesseln nicht, Nesseln essen Esel nicht.
- Ich sonne mich in der Sonne, wenn die Sonne so sehr scheint, dass ich mich in der Sonne sonnen kann.

- Komische kleine Kinder können keine Kartoffel kriegen.
- Richtige rosarote Ratten rennen rund herum.
- Richtige Regenwürmer ragen aus der Erde, wenn Regentropfen rauschen.
- Wir Wiener Wäscheweiber würden weiße Wäsche waschen, wenn wir wüssten, wo warmes Wasser wär.
- Zehn Ziegen zogen zehn Zentner Zucker zum Zoo.
- Zwischen zwei Zwetschgenzweigen zwitschern zwei geschwätzige Schwalben.

Variation: Älteren Kindern macht es Spaß, sich selbst Zungenbrecher auszudenken, etwa: Kinder können Kaugummi kauen – können Kinder Kaugummi kauen?

Sprechen und Hören

Auditive Wahrnehmungsfähigkeit

Schon das Ungeborene kann hören. Geräusche von außen erreichen das Ohr des Kindes. So spürt eine Mutter, wie es sich plötzlich heftig bewegt, wenn ein lautes Geräusch es erschreckt.
Nach der Geburt hören Kinder zunächst hohe Töne besser als tiefe. Die Fähigkeit, hohe Frequenzen wahrzunehmen, nimmt im Laufe unseres Lebens ständig ab. Weil das Gehör sehr sensibel reagiert, sollte es nicht ständig starkem Lärm ausgesetzt werden, um es nicht nachhaltig zu schädigen.
Um gut zuhören zu können, ist es unverzichtbar, auch einmal ganz still zu werden. Kinder zur Ruhe zu führen ist gar nicht so einfach. Sie sind heute vielfach daran gewöhnt, ständig von Geräuschen und Stimmen umgeben zu sein. Der Fernseher, das Radio, die Kinderkassetten und CDs im Hintergrund führen zu einer ständigen Geräuschkulisse, die es Kindern manchmal schwer macht, noch richtig hinzuhören und wahrzunehmen, wann sie direkt angesprochen werden. Sie müssen unter erschwerten Bedingungen wieder lernen, wichtige von unwichtigen akustischen Eindrücken zu unterscheiden oder sich auf Gehörtes zu konzentrieren.
Ein normales Hörvermögen ist für die Sprachentwicklung von entscheidender Bedeutung. Zum normalen Hörvermögen gehört aber auch die Fähigkeit und die Bereitschaft konzentriert und aufmerksam zuzuhören.
Hörerlebnisse wirken intensiver, wenn die Augen geschlossen sind. Alltagssituationen können für Hörspiele jederzeit genutzt werden: Das Kind dreht sich um, während der Wasserhahn aufgedreht, eine Sprühflasche betätigt, der Löffel an den Teller geklopft wird …
Neben dem Erzählen von Märchen und Geschichten, können die nachfolgenden Spiele dazu dienen, konzentriertes Zuhören zu üben.

Stilleübungen und stille Spiele

Besonders wenn mehrere Kinder zusammen sind, ist Stille nur schwer zu erreichen, führt aber zu erhöhter Konzentration. Still zu werden, muss häufig geübt werden, bis es spontan und auf Anhieb klappt. Hier können Reime eine Hilfe sein, denn wenn sie regelmäßig wiederholt werden, besitzen sie Signalwirkung und helfen den Kindern schneller zu Ruhe und Stille zu gelangen.

Mucksmäuschenstill – Stilleübung

Schsch – schsch – schsch, ich bin still.
Schsch – schsch – schsch, weil ich das will.
Kein Ton soll mich stören.
Ich mag nichts mehr hören.
Ich dreh mich schnell um
und bin einfach stumm.

Alter: ab 3 Jahren
Anzahl: ein Kind und mehr
Förderbereiche: akustische Wahrnehmung, Konzentration, Lautbildung SCH, Gehörtes in Bewegung umsetzen

Zu den ersten beiden Zeilen den Finger auf den Mund legen – den Mund symbolisch verschließen. Dann die Hände auf die Ohren legen und den Kopf verneinend schütteln. Die Kinder drehen sich um und legen die Hände auf den Mund.
Der Reim kann zunächst in normaler Lautstärke gesprochen und dann noch mal flüsternd wiederholt werden.

Stille im Wald – Stilleübung

Alter: ab 3 Jahren
Anzahl: ein Kind und mehr
Förderbereiche: Wortschatz, Sprachverständnis, Feinmotorik/Koordination, akustische Wahrnehmung, Zuhören/Sinn erfassen, Konzentration, Sprache in Bewegung umsetzen

Wenn sich der Tag zum Ende neigt
und der Mond zum Himmel steigt,
wenn die hellen Sterne blinken,
und die ersten Nebel sinken,
werden alle Tiere still.
Die Dachse raunen,
die Hasen staunen,
die Mäuse träumen
wie die Vögel in den Bäumen.
Alle lauschen den Geschichten,
die die Waldgespenster dichten.
Sei auch du ganz leis und still,
weil ich dir was erzählen will.

TIPP
Der Text wird immer leiser gesprochen. Regelmäßig vor dem Erzählen einer Geschichte gespielt, wissen die Kinder gleich, was darauf folgt, und kommen leichter zu Ruhe und Konzentration.

Die Hände mit abgespreizten Fingern als Sonne nebeneinanderlegen und mit einer langsamen Bewegung nach unten neigen. Beide Hände so aneinanderlegen, als würden sie eine Kugel umschließen und als Mond langsam nach oben führen. Für die blinkenden Sterne beide Hände mehrmals zu Fäusten schließen und die Finger schnell abspreizen. Für den sinkenden Nebel abwechselnd die linke und die rechte flache Hand nach unten führen. Jetzt verwandeln sich die Hände in die Tiere: Die Daumen auf Ring- und Mittelfinger legen und den kleinen Finger und den Zeigefinger als Ohren aufstellen. Zu „Die Dachse raunen ... bis die Eichhörnchen flüstern" abwechselnd die linke und die rechte Hand leicht bewegen. Dann beide Zeigefinger an die Ohren legen und zuletzt den Mund mit dem Zeigefinger symbolisch verschließen.

Stilleübung

Wenn die Kinder schon ein bisschen Übung im Stillwerden haben, ist es möglich, dass alle Kinder mucksmäuschenstill im Kreis sitzen und die Augen schließen. Alle horchen in die Stille. Wer hört noch etwas, trotz der Stille? Nach einem Zeichen öffnen die Kinder die Augen wieder und erzählen, was sie gehört haben. Geräusche, die sonst untergehen, erscheinen plötzlich ganz laut: das Knacken eines Stuhles, das Ticken einer Uhr, das Brummen des Kühlschranks, ein vorbeifahrendes Auto ...

Alter: ab 4 Jahren
Anzahl: ein Kind und mehr
Förderbereiche: akustische Wahrnehmung, Zuhören, Konzentration, Kommunikation (erzählen, freies Sprechen)

Wachhund

Ein Kind sitzt als Wachhund auf einem Stuhl. Unter dem Stuhl liegen Knochen (Süßigkeiten). Ein anderes Kind versucht, auf ein Handzeichen der Spielleitung, zum Stuhl zu schleichen und einen Knochen herauszunehmen. Sobald der Wachhund ein Geräusch hört, bellt er laut und zeigt in die Richtung, aus der er das Geräusch vernommen hat. Zeigt er auf den anschleichenden Dieb, muss dieser seinen Raubzug abbrechen und selbst den Wachhund spielen.

Alter: ab 4 Jahren
Anzahl: fünf Kinder und mehr
Materialien: Augenbinde, Stuhl, kleiner Gegenstand oder Süßigkeit
Förderbereiche: akustische Wahrnehmung, Konzentration, Motorik, Hören/Reagieren

Weckersuche

Während alle Kinder vor der Tür warten, versteckt die Spielleitung einen Wecker. Die Kinder kommen wieder herein und machen sich auf die Suche. Alle müssen ganz leise sein und lauschen, um ihn finden zu können. Wer den Wecker findet, darf ihn wieder verstecken, während die anderen erneut vor der Tür warten. Wird mit einem Küchenwecker gespielt, kann die Zeit zum Suchen begrenzt werden. Findet vor Ablauf der Zeit niemand den Wecker, müssen wieder alle vor die Tür.

Alter: ab 4 Jahren
Anzahl: zwei Kinder und mehr
Materialien: ein tickender Wecker
Förderbereiche: akustische Wahrnehmung, Zuhören, Konzentration (leise werden und sich leise bewegen)

Hören und zuhören

Hören bedeutet weit mehr, als nur Geräusche wahrnehmen zu können. Bis zum Schuleintritt sollten Kinder auch einzelne Laute im Wort heraushören und zuordnen können, wo sie sich im Wort befinden (phonematische Differenzierungsfähigkeit). Es bedarf einer besonderen Konzentrationsleistung, sich akustische Eindrücke zu merken, weil wir eher daran gewöhnt sind, uns visuelle Eindrücke einzuprägen. Das ist aber notwendig, um auch kompliziertere Aufträge und Arbeitsanweisungen zu erfassen.

Alter: ab 4 Jahren
Anzahl: ein Kind
Materialien: Augenbinde
Förderbereiche: Koordination, Hören/Reagieren, Konzentration, Motorik, emotionale Entwicklung

Blindenführer

Ein Kind lässt sich die Augenbinde anlegen oder schließt die Augen. Die Spielleitung wird zum Blindenführer und erzeugt gleichmäßige Geräusche (z. B. mit Kochlöffel, Glocke), denen der Blinde folgt.

Alter: ab 3 Jahren
Anzahl: fünf Kinder und mehr
Materialien: Augenbinde
Förderbereiche: akustische Wahrnehmung, Konzentration, verbale Kontaktaufnahme

Der kleine Maulwurf sucht einen Freund

Die Kinder sitzen im Kreis auf dem Boden. Ein Kind geht als blinder Maulwurf in die Mitte, die Augen mit einer Augenbinde verschlossen. Der Maulwurf sucht einen Freund, deshalb wählt er tastend ein Kind aus, kniet vor ihm nieder und fragt: „Willst du mein Freund sein?" Das ausgewählte Kind antwortet, wenn sich die Kinder schon gut kennen, eventuell mit verstellter Stimme. Kann der Maulwurf erraten, wen er sich ausgesucht hat? Wenn ihm das nicht gelingt, muss er sich erneut auf die Suche machen. Andernfalls darf er die Augenbinde abnehmen und sich neben den neuen Freund setzen. Ein neuer Maulwurf wird ausgewählt und die nächste Spielrunde beginnt.

Was ich gerne höre

Hunde, die bellen, Glocken, die schellen,
und am Meer die hohen Wellen.
Vögel, die zwitschern, Bienen, die summen,
lassen mich manchmal lauschend verstummen.
Gitarren, die klingen, Kinder, die singen,
ein schmatzender Kuss danach und davor,
sind wie Musik in meinem Ohr.
Am meisten Freude kannst du mir machen
mit deinem lauten, fröhlichen Lachen!
Hahaha …

Ein besonderes Hörerlebnis entsteht, wenn die Kinder in zwei Gruppen aufgeteilt werden. Während die eine Gruppe den Reim langsam, laut und deutlich spricht, versucht die andere Gruppe die Geräusche nachzuahmen. Sie können dazu nur ihre Stimme und ihren Körper einsetzen oder mit passenden Materialien Töne erzeugen. Ein festes Papier, das flatternd bewegt wird, klingt beispielsweise ähnlich wie das Schlagen der Wellen. Ein gespannter Gummiring, mit einem Finger oder der Zunge gezupft, klingt ein wenig wie eine Gitarre … Der Fantasie und Experimentierfreude der Kinder sind hier keine Grenzen gesetzt. Ganz nebenbei entdecken sie meist noch viele andere Möglichkeiten, interessante Geräusche und Töne zu erzeugen.

Fingerspiel: Für den Hund Daumen, Mittel- und Ringfinger aufeinanderlegen – der Hund bellt, wenn wir Mittel- und Ringfinger ein wenig anheben. Für die Glocke die Finger ineinander verschränken, ein Finger wird als Klöppel nach unten geführt und bewegt sich hin und her. Beide Hände machen wellenförmige Bewegungen. Vögel zwitschern, wenn Daumen und Zeigefinger aufeinandertippen. Als Bienen liegen sie nur aufeinander und bewegen sich, als würden sie fliegen. Das Gitarrenspiel mit entsprechenden Handbewegungen andeuten, zu „Kinder, die singen" den Kopf hin- und herbewegen, dann zwei Küsse andeuten.

Alter: ab 4 Jahren als Fingerspiel, ab 5 Jahren als Experimentierspiel
Anzahl: ein Kind und mehr
Materialien: keine oder verschiedene Gegenstände, um Geräusche zu erzeugen
Förderbereiche: akustische Wahrnehmung, Gesprochenes in Bewegung oder passende Geräusche umsetzen, Fantasie und Experimentierfreude

Was klappert in meinem Topf?

Alter: ab 3 Jahren
Anzahl: ein Kind und mehr
Materialien: ein Topf, Gegenstände aus unterschiedlichen Materialien, z. B. Teelöffel, Walnuss, Stein; evtl. Augenbinden
Förderbereiche: Wortschatz, akustische Wahrnehmung, Konzentration, Wissenserweiterung

TIPP
Jüngeren Kindern sollten wir die Gegenstände, die zur Auswahl stehen, zuerst zeigen und sie evtl. in einem Probedurchgang alle einmal in den Topf fallen lassen.

Entweder schließen die Kinder die Augen oder sie sitzen mit dem Rücken zur Spielleitung. Jetzt lässt die Spielleitung einen Gegenstand in den Topf fallen. Wer kann erraten, worum es sich gehandelt hat? Wer zuerst richtig rät, darf den nächsten Gegenstand in den Topf fallen lassen oder bekommt den Gegenstand. Wer hat am Schluss die meisten Gegenstände richtig erkannt?

Wer mag, kann dazu folgenden Reim sprechen:
Was klappert hier in meinem Topf?
Wer es weiß, ist ein kluger Kopf!

Variation: Während die Kinder die Augen geschlossen halten und ganz leise sind, erzeugt die Spielleitung ein Geräusch, in dem sie etwa Papier zerknüllt, Wasser in ein Glas gießt … Die Kinder sollen erraten, auf welche Weise das Geräusch erzeugt wurde.

Die Schepperbüchse

Alter: ab 3 Jahren
Anzahl: ein Kind, Variation mehrere Kinder
Materialien: Blechdose, kleinere Gegenstände, z. B. Schlüssel, Muschel, Knöpfe, Münzen, Schlüssel, Erbsen, Reis, Nudeln
Förderbereiche: akustische Wahrnehmung, Zuhören, Konzentration, Gedächtnis, Wortschatz, Variante: Rhythmus

Vorbereitung: Zunächst probieren die Kinder verschiedene Gegenstände aus, legen sie in die Dose, verschließen den Deckel und schütteln. Wie hört sich eine Münze, ein Schlüssel, eine Murmel, ein Knopf, eine Erbse, eine Muschel ... an?

Ein Kind legt, für die anderen nicht sichtbar, einen Gegenstand in die Dose und klappert damit. Dann fragt es: *Was rasselt und scheppert in der Büchse? – Etwas für ganz schlaue Ratefüchse!*
Oder:
Klipper, klapper, klix,
spitz die Ohren fix!
Klipper, klapper, klose,
was ist in der Dose?

Wer richtig rät, wählt den nächsten Gegenstand aus und klappert. Oder: Jeweils zwei Dosen werden mit den gleichen Gegenständen gefüllt. Die Dosen mit dem gleichen Inhalt sollen herausgefunden werden. Wer kann die Geräusche beschreiben?

Klipper-Klapper-Dosensong: Für jedes Kind wird eine Dose bereit gelegt, die es füllt, wie es möchte. Gemeinsam stimmen alle ein Klapperkonzert an. Oder alle singen ein Lied, das sie mit den Dosengeräuschen untermalen.

Auf und nieder

Vorbereitung: Abwechselnd sehr hohe und sehr tiefe Töne anspielen und benennen, bis die Kinder eindeutig hohe und tiefe Töne differenzieren können.

Die Spielleitung spielt abwechselnd hohe und tiefe Töne. Die Kinder sollen zu den hohen Tönen aufstehen und sich strecken und zu den niedrigen Tönen in die Hocke gehen und sich klein machen. Je schneller die Töne gespielt werden, desto bewegungsreicher und lustiger wird das Spiel. Später dürfen auch die Kinder „den Ton angeben".

Alter: ab 4 Jahren
Anzahl: ein Kind und mehr
Materialien: Musikinstrument oder Gegenstände, mit denen hohe und tiefe Töne erzeugt werden können
Förderbereiche: Wortschatz (Begriffsbildung hoch – tief), Sprachverständnis, Konzentration, Töne in Bewegung umsetzen, Hören/Reagieren, Sinn erfassen

Variation Riesen und Zwerge: Während die Kinder durch den Raum gehen, spielt die Spielleitung auf der Flöte abwechselnd hohe und tiefe Töne. Wenn die Kinder die hohen Töne hören, sollen sie sich hochstrecken und wie Riesen durch den Raum gehen, hören sie tiefe Töne, machen sie sich ganz klein und gehen wie Zwerge durch den Raum.

Materialien: Flöte

Mischstudio

Alter: ab 4 Jahren
Anzahl: ein Kind und mehr
Materialien: verschließbare Dosen und Gegenstände zum Füllen

Für jedes Kind stehen zwei bis drei Dosen bereit, die z. B. mit Erbsen, mit Reis und mit Steinen gefüllt sind. Die Spielleitung schüttelt die Dosen in einer bestimmten Reihenfolge. Zum Beispiel: Einmal die Reisdose, zweimal die Steindose und einmal die Erbsendose, dann wieder einmal die Reisdose, zweimal die Stein- und einmal die Erbsendose ... Alle hören gut zu und schütteln die eigenen Dosen in der gleichen Abfolge. Je länger die Schüttelfolge wird, desto schwieriger wird es natürlich, sich die richtige Reihenfolge zu merken.

Familie Schmidt

Alter: ab 4 Jahren
Anzahl: fünf Kinder und mehr, Spielleitung
Förderbereiche: akustische Wahrnehmung, Hören/Reagieren, Konzentration, Sprache in Bewegung umsetzen, Motorik

Alle Kinder gehören zur Familie Schmidt. Jedes Kind erhält einen Namen: das erste Kind ist Herr Schmidt, das zweite Frau Schmidt, die anderen Kinder die Söhne und Töchter Felix, Moritz, Tina und Susi ... Die Spielleitung erzählt eine Geschichte, in der alle Familienmitglieder gelegentlich vorkommen. Sobald ein Familienmitglied genannt wird, muss es aufstehen, sich einmal herum drehen und wieder setzen. Wird die ganze Familie Schmidt erwähnt, stehen alle auf, drehen sich und setzen sich wieder hin.

Märchen-Wörtersuchspiel

Alter: ab 4 Jahren
Anzahl: ein Kind und mehr
Materialien: keine oder ein Märchen- oder Geschichtenbuch

Die Spielleitung liest ein Märchen oder eine Geschichte vor. Wer zuerst ein vorher vereinbartes Wort, z. B. Hexe, Fee, Riese ... hört, stampft einmal kräftig auf, klatscht in die Hände, springt in die Luft, bellt ... Für ältere Kinder können auch mehrere Wörter und unterschiedliche Reaktionen dazu vereinbart werden.

Sprechen, Rhythmus und Bewegung

Finger- und Bewegungsspiele

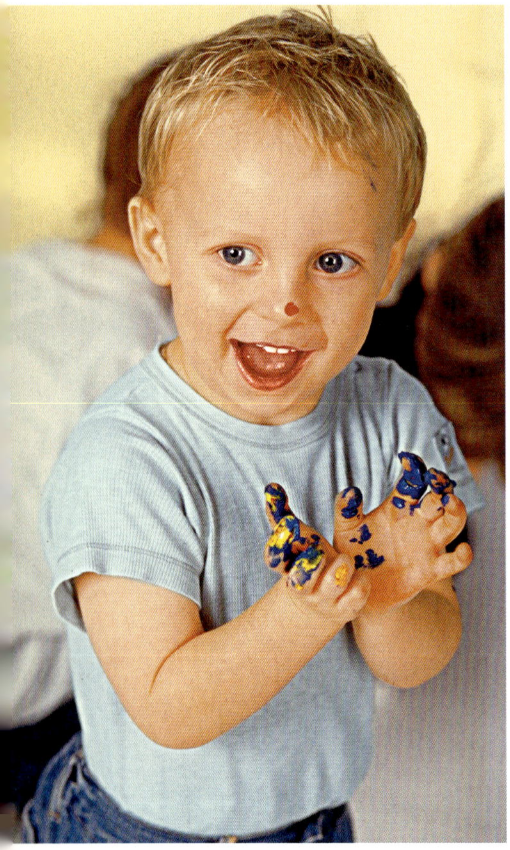

Kinder erschließen sich die Welt durch Bewegung und direkt handelnde, aktive Auseinandersetzung. Sie bewegen sich auf Dinge zu, hantieren damit und begreifen so ihre Umwelt. Bemerkenswert ist hierbei der enge Zusammenhang zwischen der motorischen Entwicklung, der differenzierten Entwicklung des Gehirns und der Entfaltung der Sprechfähigkeit. Es scheint offensichtlich: Kinder, die über eine gute Hand- und Fingerfertigkeit verfügen, sind eher auch in der Lage, deutlich und gut verständlich zu sprechen.
Die Hirnforschung weist auf eine starke Vernetzung zwischen dem Sprach- und Bewegungszentrum hin. Bewegung hilft, Informationen zu festigen und so gut einzuprägen, dass sie leichter abrufbar werden. Das mag der Grund sein, warum Kinder so viel Freude an rhythmisch gesprochenen oder gesungenen Reimen und Versen haben. Weil Bewegung hilft, Stress und Spannungen abzubauen, führt sie ebenfalls zu einer verbesserten Konzentrationsfähigkeit.
Durch Finger- und Bewegungsspiele lernt ein Kind die Bedeutung von Wörtern kennen und verstehen. Es übt spielerisch Satzkonstruktionen und erweitert seinen Wortschatz. Das Spiel mit den Fingern oder dem ganzen Körper zu einem kleinen Vers macht allen Kindern großen Spaß. Während zum einen die Geschicklichkeit der Finger, Hände und des ganzen Körpers angeregt wird, kommt es gleichzeitig zu einem Sprechanreiz, wenn Bewegungen mit kurzen Texten begleitet werden. Mit Finger- und Bewegungsspielen kann deshalb die Sprach- und Sprechentwicklung besonders erfolgreich gefördert werden, denn während sich das aktive Sprechen auf das Sprachvermögen und das Sprachverständnis auswirkt, bewirkt die Schulung der Motorik einen weiteren, die Sprachentwicklung unterstützenden Effekt. Sprechen, Singen und Bewegung bilden somit eine sinnvolle, die Entwicklung fördernde Einheit.

Fingerspiele

Meist gibt der Text der folgenden Finger- und Bewegungsspiele die dazugehörigen Bewegungen vor. Durch den gleichzeitigen Einsatz von Sprache und Motorik prägt sich der Inhalt besonders nachdrücklich ein. Es ist sinnvoll, sich den Text und die Bewegungsabläufe zunächst selbst gut einzuprägen, um ansprechend, abwechslungsreich und spannend präsentieren zu können. Nach ein paar Wiederholungen steigen die meisten Kinder ganz von selbst ein. Oft lassen sich Fingerspiele auch als Bewegungs- oder Massagespiele einsetzen.

Alter: ab 2–3 Jahren
Anzahl: ein Kind und mehr
Förderbereiche: Sprechfreude, Ausdruck, Feinmotorik/Koordination, Sprachverständnis, Wortschatz, akustische und visuelle Wahrnehmung, Konzentration, Körperwahrnehmung in Sprache/Sprache in Bewegung umsetzen, taktile Wahrnehmung, emotionale Entwicklung

Schabernack und Firlefanz

Schabernack und Firlefanz,
jetzt geht's auf zum großen Tanz!
Ich tanz mit dir,
du tanzt mit mir.
Wir tanzen hin und her,
das Fest gefällt uns sehr.
Doch drehn wir uns im Kreis herum,
dann ist das große Tanzfest um.

Fingerspiel: Ein Daumen ist Schabernack, der andere Firlefanz. Beide Daumen bewegen sich tanzend hin und her, dann im Kreis herum, bis sie schließlich hinter dem Rücken verschwinden.

Bewegungsspiel: Die Kinder finden sich paarweise zusammen, indem ein Kind ein anderes Kind zum Tanz auffordert. Zunächst tanzen die Partner nur hin und her, dann drehen sie sich im Kreis. Wenn der Tanz zu Ende ist, werden neue Tanzpartner gesucht.

TIPP
Schabernack und Firlefanz eignen sich auch als Abschlussspiel für eine Geburtstagsfeier. Die erste und die letzte Zeile werden entsprechend abgewandelt: *Schabernack und Firlefanz, auf geht's zum Geburtstagstanz … Doch drehn wir uns im Kreis herum, ist die Geburtstagsfeier um.*

Gewitter

Es tröpfelt,
es regnet,
es gießt,
es hagelt,
es blitzt,
es donnert!
Alle Kinder laufen schnell nach Haus!
Und endlich scheint die warme Sonne wieder.

Fingerspiel: Am besten wird an einem Tisch gespielt. Zuerst klopfen zwei Finger langsam abwechselnd auf den Tisch. Dann klopfen alle zehn Finger auf die Tischplatte, immer lauter werdend. Die Fingerknöchel „hageln" auf die Tischplatte. Der Zeigefinger zuckt im Zickzack als Blitz durch die Luft. Beide Fäuste „donnern" auf die Tischplatte. Die Finger beider Hände verschwinden zappelnd hinter dem Rücken oder rennen zappelnd auf der Tischplatte davon. Beide Hände werden mit abgespreizten Fingern als Sonne in die Höhe gehalten.

Massage-Ratespiel: Das Kind legt sich bäuchlings auf eine Decke oder über die Beine der Spielleitung. Zunächst wird das Spiel genau wie das Fingerspiel auf dem Rücken des Kindes gespielt, dabei zuckt der Blitz fühlbar über den Rücken des Kindes, die Finger rennen als Kinder quer über den Rücken des Kindes nach Hause und die warme Sonne wird als sanftes, wärmendes Streicheln mit den flachen Händen ausgeführt. Nach ein paar Durchgängen wird durcheinander auf den Rücken gehagelt, getröpfelt, nach Hause gerannt … und das Kind soll jeweils raten, was sich auf dem Rücken gerade abspielt.

Mein Vater baute sich ein Haus

Mein Vater baute sich ein Haus:
An dem Haus ist ein Garten.
In dem Garten steht ein Baum.
Auf dem Baum ist ein Nest.
In dem Nest liegt ein Ei.
In dem Ei ist ein Dotter.
Aus dem Dotter schlüpft ein Hase
und der beißt dich in die Nase.

Förderbereiche: Sprechfreude, Ausdruck, Wortschatz, Begriffsbildung (Präpositionen, Körperteile), Feinmotorik/Koordination, Körperwahrnehmung, Wissenserweiterung, emotionale Entwicklung

TIPP
Zunächst gibt der Erwachsene, später geben die Kinder die Körperteile vor.

Die Fingerspitzen beider Hände schräg aneinanderlegen, sodass eine Art Hausdach entsteht. Beide Arme kreisförmig vor den Körper halten, die Fingerspitzen berühren einander. Einen Arm mit dem Ellenbogen in die andere Hand stellen, die Finger sind als Äste abgespreizt. Beide Hände nestartig mit gewölbten Handflächen aneinanderhalten, dann so halten, als würden sie ein Ei umschließen. Das Ei (die Hände) langsam öffnen. Daumen und Zeigefinger einer Hand aufeinanderlegen (als Hase) und langsam aus der anderen Hand herausschlüpfen lassen. Mit den Fingern sanft in die Nase des Kindes zwicken.

Weiterführung: Der freche kleine Hase kann in die unterschiedlichsten Körperteile zwicken, z. B. in das Kinn, den Nacken, die Finger.

Bim, bam, bommel – Fingerspiel

Bim, bam, bommel, die Katze schlägt die Trommel.
(Das Kind trommelt mit der flachen Hand laut auf den Tisch.)
Zehn kleine Mäuschen tanzen in der Reih
(Das Kind krabbelt leise mit den Fingerspitzen über den Tisch.)
und die ganze Erde donnert laut dabei.
(Das Kind schlägt mit den Fäusten laut mit auf den Tisch.)

Förderbereiche: Sprechfreude, Ausdruck, Wortschatz (Begriffsbildung laut und leise), Sprachverständnis, akustische Wahrnehmung, Sprache in Bewegung umsetzen, Feinmotorik (Kraft dosieren), Rhythmus

In einem kleinen Berge

In einem klitzekleinen Berge
wohnen die fünf kleinen Zwerge.
Auf den grünen Wiesen
wohnen fünf riesige Riesen.
Alle wollen spazieren gehen,
sich die ganze Welt besehen.
Und wenn sie endlich müde sind,
laufen sie nach Haus geschwind.

Fingerspiel: Die Fingerspitzen beider Hände aneinanderlegen, sodass ein Berg entsteht. Die Finger einer Hand als Zwerge zappeln lassen. Beide Hände mit den Handflächen nach oben vor den Körper halten – das sind die grünen Wiesen. Die Finger der anderen Hand als Riesen zappeln lassen. Die Finger beider Hände zappeln durch die Luft oder trippeln über die Tischfläche und verstecken sich zum Schluss hinter dem Körper.

Bewegungsspiel: Die Kinder stehen. Wieder werden für den Berg die Fingerspitzen beider Hände aneinandergelegt. Die Kinder machen sich als Zwerge so klein wie möglich. Als Wiesen werden die Hände mit beiden Handflächen nach oben vor den Körper gehalten. Alle Kinder machen sich als Riesen so groß wie möglich. Alle dürfen, wie sie mögen, als Zwerge oder Riesen spazieren gehen. Um die ganze Welt zu besehen, wird eine Hand schützend über die Augen gehalten. Die Zwerge und Riesen beginnen zu gähnen und suchen sich schließlich einen Ort, zu dem sie laufen, um sich niederzulassen und in Schlafposition zu gehen. Dazu wird der Kopf auf die Hände gebettet und die Augen werden geschlossen.

Riesen- und Zwergenstreit

Da drüben auf der Wiese,
da streitet sich ein Riese
mit einem kleinen Zwerg,
um einen großen Berg.
Sie zanken laut und heftig,
sie schimpfen bös und kräftig,
sie schreien und sie toben:
„Ich will zuerst nach oben!"
Dann sagt der Riese zu dem Zwerg:
„Wir gehn zusammen auf den Berg."
Er nimmt den Zwerg auf seinen Rücken,
der Zwerg muss lachen vor Entzücken.
Und beide singen laut im Nu:
„Wir bleiben Freunde, ich und du!"

Fingerspiel: Ein Daumen wird zum Riesen, der andere zum Zwerg. Beide Hände als Berg aneinanderlegen. Beide Daumen heftig hin und her bewegen, um den Streit auszudrücken. Einen Daumen auf den anderen Daumen legen und beide Hände zusammen nach oben bewegen. Zuletzt die Daumen eng aneinanderlegen – sie können einander auch streicheln oder lustig herumtanzen.

TIPP
Ein Fingerspiel, das sich besonders anbietet, wenn Kinder miteinander Streit hatten.

Bewegungsspiel: Zwei Kinder stehen einander gegenüber. Ein Kind geht auf Zehenspitzen und macht sich groß als Riese, das andere geht in die Hocke und macht sich klein als Zwerg. Riese und Zwerg gestikulieren heftig, stampfen auf den Boden … Der Riese zeigt auf den Zwerg, sich selbst und den Berg. Der Zwerg stellt sich hinter den Riesen, streckt sich, legt seine Arme auf dessen Schultern, während der Riese dazu in die Hocke geht. Beide gehen ein kurzes Stück, stellen sich nebeneinander und haken schließlich einander unter. Anschließend werden die Rollen getauscht.

Der Tiger feiert Karneval

Der Tiger feiert Karneval,
lädt alle ein zu seinem Ball.
Der Löwe brüllt: „Ich komme gern."
Das Zebra wiehert schon von fern.
Der dicke Bär brummt laut: „Hurra!"
Der Elefant ist auch schon da.
Die Affenband spielt auf zum Tanz,
der Bär tritt jedem auf den Schwanz.
Das gibt ein schreckliches Geschrei,
der Ball, der wäre fast vorbei.
Der dicke Bär brummt: „Tut mir leid,
ich passe auf in nächster Zeit."
Da wird getanzt und laut gelacht,
bis in die tiefe, dunkle Nacht.

Fingerspiel: Bis der Bär auftritt, werden die einzelnen Finger einer Hand angetippt. Die Finger der anderen Hand spielen als Affenband zum Tanz auf, indem sich die ganze Hand rhythmisch bewegt. Alle Finger bewegen sich und zappeln – sie tanzen. Zu „Geschrei" werden beide Hände zu einer ausholenden Geste nach oben geschleudert. Für den Bären brummen wir mit gesenktem Kopf und tieftrauriger Stimme. Dann tanzen und zappeln alle Finger noch einmal.

Massagespiel: Das Kind legt sich auf den Bauch. Zu „lädt alle ein" zeichnet die Spielleitung einen großen Kreis auf seinen Rücken. Für das Zebra „traben" beide Hände mit einer abrollenden Bewegung über den Rücken. Für den Bären werden die Handflächen kräftig aufgedrückt. Der Elefant stampft, indem die Fäuste über den Rücken trommeln. Für die Affenbande tanzen alle Finger über den Rücken. Noch einmal stapft der Bär den Rücken entlang. Zur Entschuldigung des Bären wird über den Rücken gestreichelt. Zuletzt werden mit den Fingerspitzen kreisende Bewegungen über den Rücken gemacht.

Ein Geldstück von mir

Ein Geldstück von mir,
dafür kaufst du dir:
Einen Kuschelbär'
und noch viel mehr.
Eine Schmusekatze
mit samtweicher Tatze.
Einen frechen Hund,
er stupst dich – na und?
Einen dicken Floh,
er kitzelt dich so.
Eine Zappelmaus,
hängt ihr Schwänzchen heraus.

Fingerspiel: Zuerst legen Sie dem Kind symbolisch das Geldstück in die Hand, indem Sie in seine offene Hand klatschen. Jetzt die Handfläche des Kindes streicheln, anstupsen, zwicken und kitzeln. Dann mit den Fingerspitzen in der Handfläche des Kindes krabbeln und zappeln und zuletzt am kleinen Finger (Schwänzchen) ziehen.
Die Kinder können das Fingerspiel natürlich auch allein spielen. Dann sprechen sie den ersten Satz so: *Ein Geldstück von dir, dafür kaufe ich mir ...*

Massagespiel: Das Kind legt sich auf den Bauch. Das Geldstück mit der flachen Hand auf den Rücken „klatschen". Für den Kuschelbären werden beide Hände flach und ruhig auf den Rücken gelegt, bis das Kind zwei bis dreimal ein- und ausgeatmet hat. Für die Schmusekatze mit den Händen sanft über den Rücken streicheln. Für den Hund mit den Fingerspitzen stupsen. Als Floh das Kind kräftig auskitzeln. Zur Zappelmaus die Hände flach an beide Seiten des Kindes legen und das Kind leicht hin- und herschaukeln.

Das Stachelschwein

1. Ein kleines Stachelschwein
wollt nicht alleine sein.
Drum lief es in die Welt
durch Wald und Tal und Feld.

2. Es sprach zur kleinen Katze:
„Komm reich mir deine Tatze!"
Die Katze sagte: „Nein –
du pikst, du Stachelschwein."

3. Es sprach zur kleinen Maus:
„Darf ich wohl in dein Haus?"
Die Maus, die sagte: „Nein –
du pikst, du Stachelschwein."

4. Es sprach zum kleinen Bär':
„Ach, komm mal zu mir her!"
Der Bär, der sagte: „Nein –
du pikst, du Stachelschwein."

5. Es sprach zum kleinen Reh:
„Komm doch mit mir zum See!"
Das Reh, das sagte: „Nein –
du pikst, du Stachelschwein."

6. Es sprach zum Regenwurm:
„Wir bauen einen Turm!"
Der Regenwurm sprach: „Nein –
du pikst, du Stachelschwein."

7. Es sprach zum kleinen Igel:
„Wir tanzen vor dem Spiegel!"
Der Igel sagte: „Klar!
Das ist doch wunderbar.

8. Mein liebes Stachelschwein –
wir wollen Freunde sein.
Zieh deine Stacheln ein
und komm zu mir herein!"

INFO
Durch die ständigen Wiederholungen trauen sich auch bald unsichere Kinder zu antworten.

Fingerspiel: Für das Stachelschwein die Finger einer Hand spreizen. Der gestreckte Daumen bildet den Kopf des Stachelschweins. Den Daumen bewegen, sobald das Stachelschwein spricht. Die Finger der zweiten zunächst geschlossenen Hand sind die Tiere, die dem Stachelschwein begegnen. Nacheinander für jedes Tier einen Finger aufstellen und die Hand verneinend bewegen. Zuletzt bildet die ganze Hand mit den abgespreizten Fingern den Igel. Stachelschwein und Igel tanzen miteinander und legen langsam alle Stacheln an, sodass jede Hand eine Faust mit abgespreiztem Daumen bildet, um schließlich hinter dem Körper zu verschwinden.

Rollenspiel: Alle Kinder stehen oder sitzen im Kreis. Ein Kind wird zum Stachelschwein, sechs weitere Kinder verwandeln sich in die anderen Tiere. Das Stachelschwein geht von Tier zu Tier und stellt mit Bewegungen begleitet seine Fragen. Die Tiere winken ab und antworten entsprechend. Schließlich tanzt das Stachelschwein mit dem Igel im Kreis herum.

Meine Hand

Zum Daumen sag ich eins,
zum Zeigefinger zwei,
zum Mittelfinger drei,
zum Ringfinger vier,
zum kleinen Finger fünf.
Ich hab alle ins Bettlein schlafen gelegt.
Still, dass keines sich mehr regt.

Entweder tippt der Erwachsene oder das Kind selber die Finger einzeln der Reihe nach an. Zuletzt bildet eine Hand das Bett, in dem alle fünf Finger schlafen. Dann umschließt eine Hand die andere, der Text wird geflüstert.

Förderbereiche: Sprechfreude, Ausdruck (laut und leise sprechen), Wortschatz, Begriffsbildung (Benennen der Finger), Feinmotorik/Koordination, Körperwahrnehmung, Wissenserweiterung, emotionale Entwicklung

Die Geburtstags-Mi-Ma-Maus

Die Geburtstags-Mi-Ma-Maus
kommt aus ihrem Loch heraus.
Sie sieht dich freundlich an,
nickt und gratuliert dir dann.

Eine Hand bildet die Maus, indem alle Fingerspitzen aufeinandergelegt werden. Die andere Hand schließt sich um die Maus, bis die Maus aus der Hand herausschlüpft, eine nickende Bewegung macht und sich zum Geburtstagskind bewegt, um zu gratulieren.

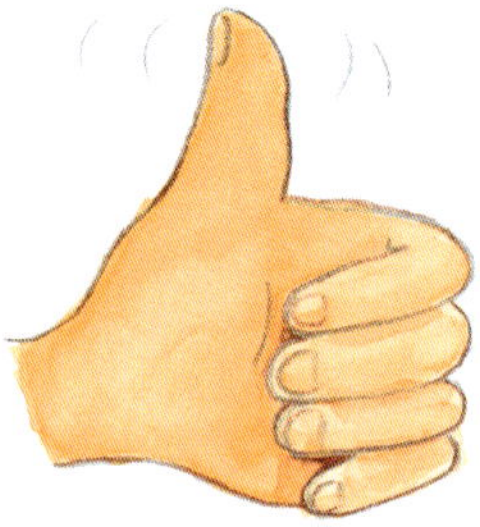

Alle meine Finger

Der Daumen hier tanzt hin und her,
das fällt dem Daumen gar nicht schwer.
Der Zeigefinger hüpft auf und nieder,
das macht der Zeiger immer wieder.
Der Mittelfinger, sieh ihn an,
wie er sich kräftig krümmen kann.
Der Ringfinger dreht sich im Kreise,
er macht es ganz auf seine Weise.
Der kleine Finger, der winzige Mann,
seht nur, wie er zappeln kann.
Eine Faust bilden alle meine Finger,
diese lustigen, frechen Dinger.

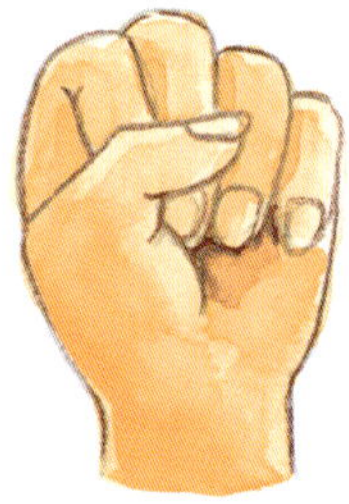

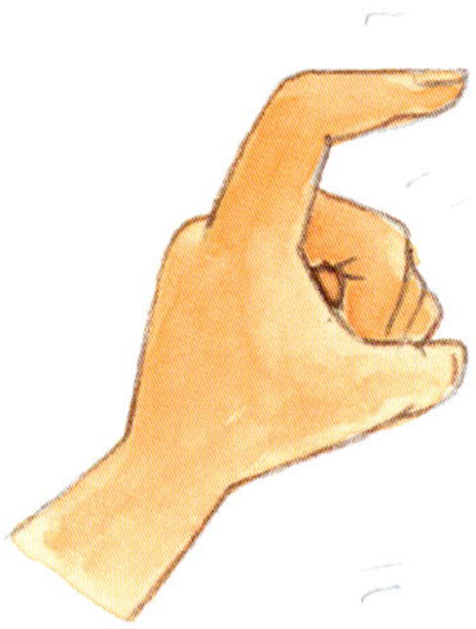

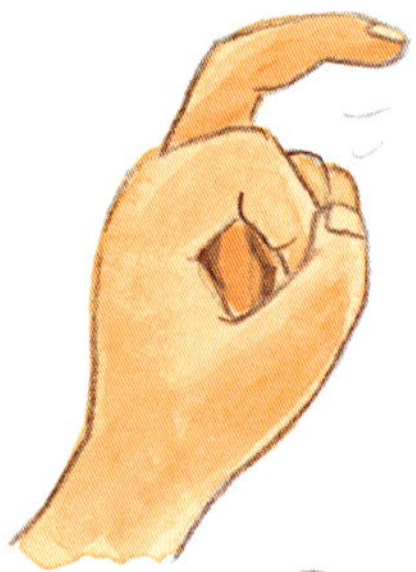

Die einzelnen Finger beider Hände bewegen sich nacheinander dem Text entsprechend. Zuletzt bilden sie eine Faust, bevor sie zu „diese lustigen, frechen Dinger" ein paarmal schnell hintereinander abgespreizt werden.

In unserem Häuschen

In unserem Häuschen
sind schrecklich viele Mäuschen.
Sie trippeln und trappeln,
sie zippeln und zappeln,
sie stehlen und naschen,
und will man sie haschen,
husch, sind sie weg!

Hofmann von Fallersleben

Alle zehn Finger sind die Mäuschen, die auf der Tischplatte oder auf den Oberschenkeln krabbeln. Bei „husch, sind sie weg" verschwinden die Mäuschen hinter dem Rücken.

Bewegungsspiele

Die Förderung der motorischen Geschicklichkeit wirkt sich immer positiv auf die Artikulationsfähigkeit aus.

Alter: ab 3 Jahren
Anzahl: ein Kind und mehr
Förderbereiche: Sprechfreude, Ausdruck, Motorik/Koordination, Sprachverständnis, Wortschatz, akustische und visuelle Wahrnehmung, Konzentration, Gesprochenes in Bewegung umsetzen

Was wir alles können

Alle unsre Finger zappeln wild herum, zappeln wild herum,
und wenn die Finger müde sind, dann ist das Zappeln um.

Alle unsre Hände klatschen wild herum, klatschen wild herum,
und wenn die Hände müde sind, dann ist das Klatschen um.

Alle unsre Augen blinzeln wild herum, blinzeln wild herum,
und wenn die Augen müde sind, dann ist das Blinzeln um.

Alle unsre Köpfe nicken wild herum, nicken wild herum,
und wenn die Köpfe müde sind, dann ist das Nicken um.

Alle unsre Schultern zucken wild herum, zucken wild herum,
und wenn die Schultern müde sind, dann ist das Zucken um.

Alle unsre Füße stampfen wild herum, stampfen wild herum,
und wenn die Füße müde sind, dann ist das Stampfen um.

Alle unsre Kinder hüpfen wild herum, hüpfen wild herum,
und wenn die Kinder müde sind, dann ist das Hüpfen um.

Die Bewegungen dem Text entsprechend ausführen. Die Hände können außerdem winken, die Kinder können tanzen, purzeln (einen Purzelbaum schlagen), sich drehen, krabbeln, kriechen … Der Text kann auch zur leicht abgewandelten Melodie von „Alle meine Entchen" gesungen werden.

Lastesel

Alter: ab 3 Jahren
Anzahl: zwei Kinder und mehr
Materialien: Gegenstände, die auf den Rücken gelegt werden können: Tuch, Kissen, Karton, Buch, Löffel; Schälchen mit Schokolinsen, Nüssen o. Ä.
Förderbereiche: Wortschatz, Sprachverständnis, Koordination, Wahrnehmung, Konzentration, Körperwahrnehmung in Sprache umsetzen

Vorbereitung: Die Kinder betrachten alle bereitliegenden Gegenstände.

Ein Kind geht als Lastesel in die Mitte. Ein anderes Kind oder die Spielleitung nimmt einen Gegenstand, den der Lastesel aber nicht sehen soll, und legt ihn dem Esel auf den Rücken. Der Esel geht damit eine Runde und stellt sich dann vor die Spielleitung und sagt: *Ich alter Esel trage schwer, nimm du das Tuch (Kissen, Buch …) ich kann nicht mehr.*
Hat das Kind den richtigen Gegenstand benannt, darf es zu Belohnung für seine Arbeit eine Schokolinse nehmen – allerdings nach Eselart nur mit den Lippen, nicht mit den Händen! Dann macht sich das nächste Eselchen auf den Weg.

Tiere necken

Alter: ab 3 Jahren
Anzahl: drei Kinder und mehr
Förderbereiche: Sprechfreude, Wortschatz, Ausdruck, Sprachverständnis, Sprache in Bewegung umsetzen, Hören/Reagieren

TIPP
Damit die Kinder möglichst viele Bewegungsformen ausprobieren können, verwandelt sich das gefangene Kind in ein Tier seiner Wahl und bestimmt selbst die Fortbewegungsart.

Vorbereitung: Der Reim wird ein paarmal mit allen Kindern gemeinsam gesprochen und wiederholt, damit sie ihn schon kennen.

Komm schon her, komm schon her,
wir geben keine Ruhe mehr!
Wir wollen dich kitzeln, wir wollen dich necken,
und uns ganz fürchterlich erschrecken!

Ein Kind wird durch Auszählen zum Bären bestimmt. Der Bär liegt in einer Ecke des Raumes oder unter dem Tisch auf der Lauer. Die anderen Kindern necken und ärgern ihn mit dem Vers im Sprechgesang so lange, bis er blitzschnell aus seiner Höhle kommt und versucht, ein anderes Kind zu fangen.

Tanz unter dem Regenbogen

Vorbereitung: Den Gartenschlauch so einstellen, dass das Wasser ganz fein versprüht wird.

Alter: ab 3 Jahren
Anzahl: ein Kind und mehr
Materialien: Gartenschlauch
Förderbereiche: Sprechfreude, Ausdruck, Sprachverständnis, Wortschatz, Sprache in Bewegung umsetzen, Hören/Reagieren, Motorik

Wenn sich alle mit dem Rücken zur Sonne stellen, entsteht ein Regenbogen, unter dem die Kinder tanzen können. Dazu können sie folgendes Lied nach der Melodie „Es regnet, es regnet, der Kuckuck wird nass" oder nach einer selbst erfundenen Melodie singen:

Es regnet, es regnet, die Sonne scheint dazu.
Wir tanzen unterm Regenbogen, ich und du.

Es regnet, es regnet, die Sonne scheint dazu.
Wir drehn uns unterm Regenbogen, ich und du.

Es regnet, es regnet, die Sonne scheint dazu.
Wir hüpfen unterm Regenbogen, ich und du.

Es regnet, es regnet, die Sonne scheint dazu.
Wir stampfen unterm Regenbogen, ich und du.

Es regnet, es regnet, die Sonne scheint dazu.
Wir klatschen unterm Regenbogen, ich und du.

Es regnet, es regnet, die Sonne scheint dazu.
Wir tanzen unterm Regenbogen, ich und du.

Ein Kind tanzt allein oder es finden sich immer zwei Tanzpartner paarweise zusammen und fassen sich an den Händen, beziehungsweise klatschen in die Hände des Spielpartners. Die Bewegungen werden dem Text entsprechend ausgeführt. Natürlich kann der Regenbogentanz auch unter einem imaginären Regenbogen im Zimmer veranstaltet werden.

Fische fangen

Alter: ab 3 Jahren
Anzahl: drei Kinder und mehr
Förderbereiche: Sprachverständnis, Lautbildung – SCH, Feinmotorik/Koordination, akustische, visuelle und taktile Wahrnehmung, Konzentration, Hören/Reagieren

Alle Kinder legen ihre Hände als Fische flach auf den Tisch und bewegen sie auf der Tischplatte. Ein Kind wird zum Fischer, der seine Hände über den Fischen kreisen lässt. Der Fischer spricht dazu folgenden Vers: *Ich habe den ganzen Tag gefischt und habe noch keinen Fisch erwischt!* Zwischen „Fisch" und „erwischt" lässt er eine unterschiedlich lange Pause, um unvermittelt mit seinen Händen nach den Fischen schnappen zu können. Die Kinder versuchen, ihre Hände rechtzeitig zurückzuziehen. Hat der Fischer einen Fisch gefangen, darf dieser der nächste Fischer werden.

Tiere raten

Alter: ab 4 Jahren
Anzahl: fünf Kinder und mehr
Förderbereiche: Motorik, Wortschatz

Vorbereitung: Die Spielleitung zeigt den Kindern unterschiedliche Fortbewegungsarten und benennt sie.

Die Kinder sollen die unterschiedlichen Fortbewegungsarten auch selbst ausprobieren und abwandeln. Wem fallen besonders ungewöhnliche Bewegungsarten ein? Natürlich werden die gängigen Fortbewegungsarten gezeigt, aber auch weniger geläufige, wie Schleichen, Stampfen, Stolzieren … Wo es möglich ist, werden Verbindungen zu Tieren hergestellt, die sich auf diese Weise bewegen, also z. B.: eine Schlange oder ein Wurm – Kriechen; Känguru, Hase, Frosch – Hüpfen; Ente – Watscheln; Katze – Schleichen …
Ein Kind macht eine Bewegung vor. Wer weiß, wie diese Bewegung heißt, schließt sich an und bewegt sich genau so, ohne aber die Bezeichnung zu verraten. Wenn sich einige Zeit keine neuen Kinder mehr anschließen, bleiben alle stehen und benennen die Fortbewegungsart und ein Tier oder verschiedene Tierarten, die sich auf diese Weise bewegen … Jetzt macht ein anderes Kind eine Bewegung vor.

Wenn meine Tante wiederkommt

Zur Einführung erzählt die Spielleitung eine kleine Geschichte: Die Tante aus Amerika war schon lange nicht mehr zu Besuch, doch jetzt hat sie sich angekündigt und alle freuen sich darüber. Jeder kann sich etwas ausdenken, das er mit der Tante machen möchte …
Die Kinder stehen im Kreis. Ein Kind beginnt: „Wenn meine Tante aus Amerika wiederkommt, mache ich einen Luftsprung!" Alle Kinder machen einen Luftsprung. Das nächste Kind macht einen Vorschlag, den es an den Vorschlag des Vorgängers anhängt: „Wenn meine Tante aus Amerika wiederkommt, mache ich einen Luftsprung und einen langen Spaziergang!" Alle machen einen Luftsprung und mimen einen langen Spaziergang. Das Spiel geht so lange weiter, bis ein Kind sich in der Reihenfolge vertut oder nicht mehr weiterweiß. Entweder scheidet das Kind aus oder es gibt ein Pfand.

Alter: ab 5 Jahren
Anzahl: zwei Kinder und mehr
Förderbereiche: Sprechfreude, Ausdruck, Wortschatz, Sprachverständnis, akustische Wahrnehmung, Zuhören/Sinn erfassen, Konzentration, Sprache in Bewegung umsetzen, Motorik, Fantasie

Wilde Tiere jagen

Alle Kinder werden zu Tigern und bewegen sich fauchend kreuz und quer durch den Raum. Die Spielleitung will einen Tiger für den Zoo einfangen. Unvermittelt wirft sie über eines der Kinder ein großes Tuch, sodass das Kind völlig vom Tuch verdeckt wird. Sie setzt sich mit dem wild fauchenden Tiger auf den Boden und die anderen Kinder sollen erraten, wen sie gefangen hat. Dann beginnt die nächste Runde, diesmal werden Zebras, Schlangen, Elefanten, Löwen … gejagt. Die Kinder bewegen sich kriechend, stampfend … durch den Raum und geben zischende, fauchende, wiehernde, brüllende Tierlaute von sich.

Hinweis: Die Kinder sollen den Tierfänger keinesfalls beobachten, weil der Tierfänger nur „zuschlägt", wenn er sich unbeobachtet fühlt.

Alter: ab 4 Jahren
Anzahl: fünf Kinder und mehr
Materialien: ein großes Tuch
Förderbereiche: Motorik, Lautbildung, Konzentration

Blumen fangen

Alter: ab 4 Jahren
Anzahl: fünf Kinder und mehr
Förderbereiche: Wortschatz, akustische Wahrnehmung, Konzentration, Motorik, Schnelligkeit, Reaktionsvermögen

TIPP
Schwieriger wird es, wenn bestimmte geläufige Begriffe nicht genannt werden dürfen. Beim Blumenfangen z.B. Rose oder Nelke, beim Obstfangen Apfel oder Birne.

Durch Auszählen wird ein Fänger bestimmt. Alle versuchen vor ihm zu fliehen. Kommt der Fänger einem anderen Kind zu nahe, kann sich das Kind in Sicherheit bringen, indem es einen Blumennamen ruft und in die Hocke geht. Sobald sich der Fänger abwendet, muss das Kind aber aufstehen und kann wieder gefangen werden. Es soll keine Blume wiederholt werden, die gerade erst von einem anderen Kind genannt wurde.

Variationen: Die Kinder können Frühlingsblumen fangen (hier müssen sie sich schon besser auskennen) oder auch Bäume, Möbel, Spielzeug, Obst, Gemüse, Bauernhoftiere, Weihnachtswörter. Dabei müssen möglichst viele Dinge, die zu dem Oberbegriff passen, gefunden werden. Mit jüngeren Kindern wird vor Spielbeginn besprochen, was alles zu dem genannten Oberbegriff passt.

Tierfütterung auf dem Bauernhof

Alter: ab 4 Jahren
Anzahl: fünf Kinder und mehr
Materialien: kleiner Schubkarren
Förderbereiche: Sprechfreude, Ausdruck, Wortschatz, Sprachverständnis, akustische Wahrnehmung, Zuhören/Sinn erfassen, Hören/Reagieren, Konzentration

Vorbereitung: Bauernhofbesuch oder Bilderbücher zum Thema Bauernhof, Thema besprechen: Was fressen die Tiere?

Die Kinder sitzen in einem Kreis. Die Spielleitung beginnt und geht als Bauer mit dem Schubkarren eine Runde, dazu spricht sie: „Ich bringe den Kühen Gras." Sofort fangen alle Kinder an zu muhen. Sagt die Spielleitung: „Die Kühe sind satt." werden alle wieder stumm. Es folgt die nächste Runde: „Ich bringe den Hühnern Körner." – Alle gackern. Die Pferde bekommen Hafer …

Nach ein paar Durchgängen kann auch ein Kind die Rolle des Bauern übernehmen.

Sprechen und Grammatik anwenden

Sprechen und Grammatik anwenden

Kinder erlernen normalerweise die Grammatik ihrer Muttersprache „automatisch“. Doch in einzelnen Bereichen kann es verstärkt zu Schwierigkeiten kommen, zum Beispiel bei der Pluralbildung.
Für Kinder mit Deutsch als Zweitsprache ist es eine besondere Herausforderung, grammatikalisch richtig zu sprechen. Richtiger Satzbau, also korrekte Satzkonstruktion, korrekte Konjugation von Verben und Deklination von Substantiven, richtig eingesetzte Präpositionen – all das wirkt sich unmittelbar darauf aus, wie Aussagen auf ein Gegenüber wirken und damit auch, wie der Aufbau sozialer Beziehungen zwischen Kindern funktioniert.

Da viele Sprachen völlig andere Satzkonstruktionen verwenden als die deutsche Sprache, genügt es nicht, einseitig nur den Wortschatz der Kinder zu erweitern und zu festigen. Es muss in besonderer Weise auch darum gehen, korrekte Satzkonstruktionen zu ermöglichen. Spiele, Lieder, Verse liefern hier hervorragende Quellen und Übungsmaterialien, wenn sie aus korrekten Satzkonstruktionen bestehen. Weil Lieder und Verse nicht immer grammatikalisch korrekt sind, da oft die Reimbildung im Vordergrund steht, sollten sie mit geeigneten Spielen ergänzt werden. Viele gängige Spielformen können hier dienen, wenn sie bewusst und gezielt sprachlich begleitet werden.
Kinder sollten dazu angeregt werden, konsequent in ganzen Sätzen zu sprechen. Fehlerhafte Satzbildungen können durch Wiederholen des richtigen Satzes korrigiert werden. Ein Memory®-Spiel kann beispielsweise ganz gezielt eingesetzt werden, um korrekte Satzkonstruktionen zu üben und zu verinnerlichen, indem jeder „Handgriff“ sprachlich kommentiert wird. Zum Beispiel: „Das ist ein Hund. Das ist eine Katze …“ Oder: „Ich habe einen Hund und eine Katze aufgedeckt.“, „Ich habe zwei Hunde aufgedeckt.“

Es geht darum, folgende grammatikalisch wichtigen Grundlagen zu vermitteln und zu verinnerlichen:

- Mehrwortsätze, z. B. Aussage-, Fragesätze oder Aufforderungssätze mit den korrekten Stellungen der Satzglieder bilden (Das ist ein Buch. Ist das ein Buch? Gib mir ein Buch!).
- Bestimmte und unbestimmte Artikel richtig einsetzen. (Ein/Das Auto fährt schnell.)
- Den Plural korrekt bilden, dabei den Artikel anpassen und die Wörter *ist* und *sind*, die es in vielen Sprachen nicht gibt, korrekt verwenden. (Der Baum ist hoch. – Die Bäume sind hoch.)
- Die Steigerungs- und Vergleichsformen lernen. (Das Kind ist schnell. Das Fahrrad ist schneller. Das Auto ist am schnellsten. Das Auto ist schneller als das Fahrrad. Das rote Auto ist genauso schnell wie das blaue Auto.)

Satzmelodie und Sprachrhythmus helfen, Wort- und Satzbau – Strukturen zu erkennen und emotionale Untertöne zu verstehen. Lieder, Sing-, Tanz-, Klatsch- und Handgestenspiele ermöglichen es, Sprache und Bewegung zu verbinden und oft auch Bedeutungen und Sinn zu verstehen.
Gehemmte Kinder trauen sich in einer Gruppe oft mehr zu, wenn mehrere gleichzeitig singen oder sprechen. Durch die üblichen Wiederholungen prägen sich Abläufe und Sprachstrukturen ein und können später auch übertragen werden.

Singen und Singspiele, Satzmelodie und Sprachrhythmus

Gerade beim Singen sind die einzelnen Laute oft besser zu hören und zu differenzieren. Außerdem ist gemeinsames Singen gut geeignet, Hemmungen zu überwinden. Singend wird die richtige Atmung trainiert, weil in der Regel unwillkürlich tief ein- und kräftig ausgeatmet wird. Während Kinder singen, können sie mühelos eine gute und korrekte Aussprache entwickeln, wenn von Anfang an auf deutliches und gut verständliches Singen geachtet wird. Die Melodie ist eine Hilfe, sich Texte leichter einzuprägen. Eine Melodie hin und wieder auch zu summen oder auf Silben wie Lala zu singen, mal laut, mal leise wiederzugeben, stärkt die Mundmuskulatur und dient so der Artikulationsfähigkeit – außerdem kommt auf diese Weise Abwechslung ins Spiel.

Meine Hände sind verschwunden

Alter: ab 2 Jahren
Anzahl: zwei Kinder und mehr
Materialien: Decke
Förderbereiche: Sprechfreude, Ausdruck, Wortschatz (Körperteile), Sprachverständnis, Feinmotorik/Koordination, Wahrnehmung, Konzentration, Sprache in Bewegung umsetzen, Hören/Reagieren

Die Hände verschwinden hinter dem Rücken, und werden dem Text entsprechen wieder hervorgeholt. Zu „Tralalalalalala" klatschen wir in die Hände. Alle Körperteile und auch die einzelnen Finger können auf diese Weise verschwinden. Die Körperteile werden einfach mit den Händen abgedeckt. Zuletzt verschwinden die Kinder unter einer großen Decke, die dann ruckartig wieder heruntergezogen wird.

Wozu sind die Hände da?

Wozu sind die Hände da, Hände da, Hände da,
wozu sind die Hände da, Hände da?
Die Hände sind zum Klatschen da, Klatschen da, Klatschen da,
die Hände sind zum Klatschen da, dazu sind sie da!

Die Hände werden gezeigt und hin und her gedreht. Dann wird geklatscht. Es können viele Strophen dazuerfunden werden, auch die Füße oder andere Körperteile können mit einbezogen werden! Einige Beispiele: Hände – Winken, Finger – Zeigen, Finger – Zappeln, Füße – Tanzen, Köpfe – Nicken, Ohren – Hören (Hand ans Ohr legen) …

Alter: ab 2 Jahren
Anzahl: ein Kind und mehr
Förderbereiche: Sprechfreude, Ausdruck, Wortschatz, Sprachverständnis, Lautbildung, Feinmotorik/Koordination, Wahrnehmung, Konzentration, Sprache in Bewegung umsetzen, rhythmisches Empfinden, Artikulation, Wissenserweiterung, emotionale Entwicklung, Fantasie

Laurentia (Wochentaglied)

Alle stehen im Kreis und fassen sich an den Händen. Zu Laurentia und zum Wochentag muss jeder in die Knie gehen. In den folgenden Strophen wird immer ein Wochentag angehängt: „Ach wenn es doch schon wieder Montag, Dienstag, Mittwoch, Donnerstag … wär."

Alter: ab 5 Jahren
Anzahl: fünf Kinder und mehr
Förderbereiche: Sprechfreude, Wortschatz (Ablauf der Wochentage), Koordination, akustische Wahrnehmung, Konzentration, Hören/Reagieren, rhythmisches Empfinden, Kondition

Wer lässt die Sonne scheinen? (Quelle unbekannt)

2. *Wer lässt die Blumen blühen, Blumen blühen, Blumen blühen?*
   Wer lässt die Blumen blühen? Unser großer Gott!
3. *Wer lässt den Regen fallen, Regen fallen, Regen fallen?*
   Wer lässt den Regen fallen? Unser großer Gott!
4. *Wer lässt die Sterne funkeln, Sterne funkeln, Sterne funkeln?*
   Wer lässt die Sterne funkeln? Unser großer Gott!
5. *Wer liebt auch dich und mich, dich und mich, dich und mich?*
   Wer liebt auch dich und mich? Unser großer Gott!

INFO
Bei jeder Strophe wird der große Gott angedeutet, indem mit den Händen und Armen ein großer Kreis umschrieben wird.

Die Kinder spielen dem Text entsprechend: Die Sonne wird mit den nach oben gestreckten Armen gespielt, die Finger als Sonnenstrahlen abgespreizt. Für die Blumen wird eine Hand durch die andere Hand nach oben geschoben und als Blütenkelch geöffnet. Der Regen fällt, wenn die Finger die Regentropfen andeuten, die von oben nach unten fallen. Die Sterne funkeln durch die Hände, die sich immer im Wechsel zur Faust schließen und schnell wieder öffnen. Zur letzten Strophe zeigen alle abwechselnd auf sich selbst und die anderen.

Kleine Schnecke (Text überliefert, Melodie: Bruder Jakob)

Kleine Schnecke, kleine Schnecke, kriecht hinauf, kriecht hinauf.

(Eine Hand des Kindes oder des Erwachsenen bildet eine Schnecke, indem sich der Daumen auf die eingerollten Ring- und Mittelfinger legt und Zeigefinger und kleiner Finger als Fühler ausgestreckt werden. Die Schnecke kriecht am Arm des Kindes hoch.)

Kriecht auch wieder runter, kriecht auch wieder runter.

(Die Hand kriecht wieder am Arm herunter.)

Kitzelt dich am Bauch, kitzelt dich am Bauch.

(Die Hand kitzelt das Kind am Bauch.)

Alter: ab 3 Jahren
Anzahl: ein Kind und mehr
Förderbereiche: Sprechfreude, Begriffsbildung (hinauf – hinunter), Wortschatz, Sprachverständnis, Feinmotorik/Koordination, Konzentration, taktile Wahrnehmung, emotionale Entwicklung

Summ, summ, summ!

Auf dem Tisch werden Knöpfe oder bunte Schokolinsen als Blumen ausgelegt. Während die Kinder gemeinsam das Kinderlied „Summ, summ, summ! Bienchen summ herum!" singen, bewegen sie sich mit dem Finger auf der Tischplatte zwischen den Blumen. Aber Achtung, die Blumen sollen sich nicht bewegen – sie dürfen also nicht oder nur ganz sanft berührt werden. Werden kleine, runde Gegenstände als Blumen verwendet, müssen die Bewegungen besonders vorsichtig ausgeführt werden.

Hinweis: Die Kinder können im Anschluss mit anhaltenden SSSSSSSS-Lauten „umherfliegen".

Alter: ab 3 Jahren
Anzahl: ein Kind und mehr
Materialien: Knöpfe, ersatzweise bunte Schokolinsen
Förderbereiche: Wortschatz, Sprachverständnis, Lautbildung S, Feinmotorik/Koordination, akustische, visuelle und taktile Wahrnehmung, Zuhören/Sinn erfassen, Konzentration

Aramsamsam (Sitztanz)

Alter: ab 4 Jahren
Anzahl: zwei Kinder und mehr
Förderbereiche: Sprechfreude, Artikulation, Lautbildung, Koordination, Gedächtnis/Reihenfolge einprägen, Konzentration, akustische, visuelle und taktile Wahrnehmung, Sprache in Bewegung umsetzen, Hören/Reagieren, rhythmisches Empfinden

TIPP
Mit etwas Übung kann die Strophe immer schneller gesprochen oder gesungen werden.

Die Kinder sitzen auf einem Stuhl oder auf dem Boden im Kreis. Der Text wird zunächst langsam und deutlich gesprochen oder gesungen.
Zu jedem Wort gehört eine andere Bewegung:
Zu „Aramsamsam" wird einmal in die Hände und dreimal auf die Oberschenkel geklatscht; zu „gulli" werden die Hände vor den Oberkörper genommen und umeinander gedreht; zu „ramsamsam" wird dreimal auf die Oberschenkel geklatscht; zu „Arafi" werden die Hände über den Kopf gehalten und aus dem Handgelenk vor- und zurückgedreht. Die Strophe wird mehrmals wiederholt. Es bedarf einiger Übung, bis die Kinder den Bewegungsablauf beherrschen, aber sie haben so viel Spaß daran, dass sie kaum die Lust verlieren.

Auf der Mauer, auf der Lauer

Wenn alle das Lied sicher beherrschen, wird der Text dadurch verändert, dass einzelne Laute weggelassen und dafür eine Pause eingehalten wird. Bei „Wanze" fällt das „e" und bei „tanzen" das „en" weg. Das wird so oft wiederholt, bis schließlich beim sechsten Durchgang die Worte „Wanze" und „tanzen" ganz wegfallen und eine kleine Pause entsteht.

Alter: ab 5 Jahren
Anzahl: ein Kind und mehr
Förderbereiche: Sprechfreude, Ausdruck, Wortschatz, Lautbildung, akustische Wahrnehmung, Konzentration, Ausdauer, Rhythmus und Taktgefühl (die Pausen müssen passend eingehalten werden)

Das klingt so:

- *Auf der Mauer, auf der Lauer sitzt 'ne kleine Wanz.*
  Seht euch mal die Wanz an,
  wie die Wanz tanz kann!
- *Auf der Mauer, auf der Lauer sitzt 'ne kleine Wan...*
- *Auf der Mauer, auf der Lauer sitzt 'ne kleine Wa...*
- *Auf der Mauer, auf der Lauer sitzt 'ne kleine W...*
- *Auf der Mauer, auf der Lauer sitzt 'ne kleine (...).*

TIPP
Wer Lust hat, kann die Strophen anschließend in umgekehrter Reihenfolge, also wieder aufbauend weitersingen.

Rhythmusübungen, Abzählreime – Silbieren

Im Alltag bieten sich sehr häufig Gelegenheiten zum Abzählen mit kurzen Reimen. Diese Gelegenheiten sollten genutzt werden, denn sie verschaffen einen natürlichen Anreiz zu rhythmischen Silbier- und Sprechübungen. Aus kleinen Unsinnsreimen können lustige Abzählverse entstehen. Manchmal erfinden Kinder selbst neue Sprüche. Wenn sie einmal mit dem Reimen beginnen, können sie oft gar nicht mehr aufhören, immer neu mit Lauten und Lautkombinationen zu spielen. Besonders spannend wird es, wenn Reime rhythmisch begleitet werden können.

TIPP
Die „Körperinstrumente" können für viele rhythmische Übungen eingesetzt werden. Sie stehen immer zur Verfügung, auch wenn sonst keine Instrumente greifbar sind.

Abzählreime

Alter: ab 4 Jahren
Anzahl: zwei Kinder und mehr
Förderbereiche: Sprechfreude, Ausdruck, Feinmotorik/Koordination, Sprachverständnis, Wortschatz, akustische und visuelle Wahrnehmung, Konzentration, Kreativität, Rhythmusgefühl, soziale Entwicklung

Pi-Pa-Purzelbaum,
Peter hatte einen Traum:
Er kaufte Aprikosen
und machte in die Hosen.
Er zog die Hosen aus
und du bist raus.

In meinem Haus schlafen
viele Schlangen
und du sollst fangen.

Schni-Schna-Schnecke,
kriecht langsam um die Ecke.
Schri-Schra-Schreck,
und du bist weg.

Regen und Sonne,
so eine Wonne.
Am Himmel spannt sich oben
ein großer Regenbogen.
Man kann ihn weithin sehen,
doch du musst trotzdem gehen.

Trommel-, Echo- und Rhythmusübungen

Die Spielleitung trommelt mit dem Kochlöffel etwa drei bis fünf Schläge auf den Kochtopf. Das Kind wiederholt die Trommelfolge. Die Spielleitung kann auch in die Hände klatschen und dabei einen bestimmten Rhythmus vorgeben oder in der Lautstärke variieren.
Oder: Spielleitung und Kinder sitzen voneinander abgewandt, also mit dem Rücken zueinander. Beide Parteien verfügen über die gleichen Gegenstände zum Geräuscheerzeugen. Die Spielleitung beginnt und erzeugt ein Geräusch. Die Echoseite hört genau zu und erzeugt mit dem gleichen Gegenstand ebenfalls ein Geräusch.

Variation 1: Die Spielleitung spielt auf einem Topfdeckel, mit den flachen Händen auf dem Tisch oder anders einen Takt vor (z. B. kurz-kurz-lang-kurz-kurz-lang …) Die Kinder sollen den Takt nachspielen. Schwieriger ist es, wenn die Echospieler nicht zusehen können, wie der Rhythmus erzeugt wird.

Variation 2: Ein Kind beginnt und erzeugt mit Körperinstrumenten einen bestimmten Rhythmus. Die anderen Kinder sollen zunächst aufmerksam zuhören und anschließend den vorgegebenen Rhythmus wiedergeben. Wenn verschiedene Körperinstrumente kombiniert werden, wird die Übung deutlich schwieriger.

Alter: ab 3 Jahren
Anzahl: ein Kinder und mehr
Materialien: verschiedene Gegenstände in doppelter Ausführung, mit denen sich Geräusche erzeugen lassen, z. B. Schlüsselbund, Topf und Deckel oder Kochlöffel, Papier, Löffel …
Förderbereiche: Feinmotorik/Koordination, akustische, visuelle, taktile Wahrnehmung, Zuhören, Hören/Reagieren, Konzentration, rhythmisches Empfinden, Rhythmus wahrnehmen und wiedergeben, Gedächtnis

Körperinstrumente

Durch klatschen, stampfen oder auf die Oberschenkel patschen werden häufig Lieder oder Verse rhythmisch begleitet. Es gibt aber noch viel mehr Möglichkeiten, mit dem eigenen Körper rhythmisch Geräusche zu erzeugen: Kinder prusten gerne mit den Lippen, schnalzen mit der Zunge, pfeifen, hauchen, brummen … Auf diese Weise ein ganzes Lied neu zu „vertonen", macht richtig Spaß.

Alter: ab 2 Jahren
Anzahl: ein Kind und mehr
Förderbereiche: Sprechfreude, Ausdruck, Feinmotorik/Koordination, Motorik, Artikulation, akustische, visuelle und taktile Wahrnehmung, Konzentration, Körperwahrnehmung, rhythmisches Empfinden, Fantasie

Reisewörter

Alter: ab 5 Jahren
Anzahl: zwei Kinder und mehr
Förderbereiche: Sprachgefühl, Wortsilben und Sprachrhythmus erkennen, Sprachfantasie, Sprechfreude

TIPP
Wenn etwa gleichaltrige und gleichermaßen sprachgewandte Kinder zusammen spielen, dürfen auch eigene Wortschöpfungen verwendet werden, z. B. Kindergartentaschenumhängebandbefestigung …

Vorbereitung: Die Spielleitung führt abwechselnd lange und kurze Wörter vor, indem sie die Wörter langsam und sehr deutlich silbenbetont spricht, dazu klatscht und schließlich zu jeder Silbe einen Schritt geht. Beispielsweise zu den Worten: Maus, Elefantenhinterbein, Tisch, Kommodenschubladengriff … Jetzt denken sich alle gemeinsam lange und kurze Wörter aus und setzen sie auf die beschriebene Weise um. Wenn die Kinder schon etwas Übung haben, kann das Spiel beginnen.

Alle stellen sich in einer Reihe auf und wollen eine weite Reise machen. Dazu muss sich einer nach dem anderen immer ein möglichst langes Wort einfallen lassen, denn jeder Reiseabschnitt ist so lang, wie das Wort, das sich der einzelne ausgedacht hat. Wer erreicht zuerst das Reiseziel?

Variation für ältere Kinder: Es wird ein Oberbegriff festgelegt, z. B. Kleidungsstücke, Nahrungsmittel, Fahrzeuge.

Variation für jüngere Kinder: Ein Kind stellt sich mit etwas Abstand den anderen Kindern gegenüber auf. Diese fragen abwechselnd: „Mutter darf ich reisen gehen?" Die Mutter bejaht oder verneint. Das Kind fragt: „Wohin darf ich reisen?" Die Mutter antwortet mit einem beliebigen Städte- oder Ländernamen. Das Kind darf so viele Schritte gehen, wie die Antwort Silben hat, für Paris beispielsweise zwei Schritte, für Südamerika fünf Schritte … Wer zuerst bei der Mutter ankommt, darf für die nächste Spielrunde Mutter sein.

Zoobesuch

Vorbereitung: Die Kinder sollten sich schon vorher mit den Rhythmusinstrumenten vertraut machen, sollten die einzelnen Tiere aus einem Buch, von Bildkarten oder einem Zoobesuch kennen.

Alter: ab 5 Jahren
Anzahl: ein Kind und mehr
Materialien: Rhythmusinstrumente, Buch oder Bildkarten mit Zootieren
Förderbereiche: erkennen eines Wortrhythmus, rhythmisches Sprechen, Wortschatz

Es wird die Geschichte eines Zoobesuchs erzählt, bei dem viele interessante Tiere zu sehen sind. Immer wenn ein Tier genannt wird, begleitet die Spielleitung den Namen rhythmisch (silbierend, z. B. Af-fe, E-le-fant, Nas-horn, Ka-ka-du, Weiß-kopf-see-ad-ler …) auf einem Instrument. Im Anschluss wählt jedes Kind ein Tier aus, das es darstellen möchte. Es sucht nach den anderen Kindern, die das gleiche Tier ausgewählt haben, damit sie gemeinsam ihren Tiernamen „vertonen" können. Die Spielleitung erzählt erneut eine Zoogeschichte, die diesmal von den Kindern begleitet wird.

Vertiefung: Tierkonzert: Alle Tiere einer Gruppen stehen jeweils zusammen. In einer vorher vereinbarten, immer wiederkehrenden Reihenfolge sprechen und begleiten die einzelnen Gruppen jeweils abwechselnd ihren Tiernamen. Die Spielleitung kann dirigieren und jeweils den Einsatz geben. Wenn die Reihenfolge hin und wieder verändert wird, entstehen immer neue Rhythmen – ein faszinierendes Experiment!

TIPP

Notfalls kann auch nur mit Körperinstrumenten begleitet werden, also z. B. Klatschen, Stampfen, Schnippen, Plopplaute mit dem Mund …

Handklatschspiele

Alter: ab 3 Jahren
Anzahl: zwei Kinder
Förderbereiche: Sprechfreude, Wortschatz, Sprachverständnis, Lautbildung (KN, SCH), Artikulation, Motorik (Auge-Hand-Koordination), Konzentration, Merkfähigkeit, Sprache in Bewegung umsetzen, Rhythmus, soziale Entwicklung

Handklatschspiele verbinden in einmaliger Weise Sprache, Rhythmus und Bewegung. Reime werden rhythmisch gesprochen, wobei die Kinder einzelne Silben überdeutlich betonen und mit zum Teil sehr differenzierten Handbewegungen begleiten. Der Schwierigkeitsgrad lässt sich den Bedürfnissen und Fähigkeiten der Kinder anpassen und reicht für die ganz Kleinen vom einfachen In-die-Hände- oder Auf-die-Schenkel-Klatschen bis zu sehr anspruchsvollen, abwechslungsreichen Klatschfolgen, die Kinder gerne auch selbst entwickeln. Besonders ältere Mädchen haben viel Spaß dabei und prägen sich gern selbst komplizierteste Klatschfolgen ein.

Meine Mutter

Meine Mi, meine Ma,
meine Mutter schickt mich her,
ob der Ki, ob der Ka,
ob der Kuchen fertig wär.
Wenn er ni, wenn er na,
wenn er noch nicht fertig wär,
käm ich mi, käm ich ma,
käm ich morgen wieder her.

Zu jeder Silbe wird auf eine andere Weise geklatscht. Zuerst in die eigenen Hände, dann mit der rechten Hand auf die linke Hand des Spielpartners, jetzt wird wieder in die eigenen Hände geklatscht und danach mit der linken Hand in die rechte Hand des Spielpartners. Nun klatschen wir wieder in die eigenen Hände und dann in beide Hände des Mitspielers. Zuletzt klatschen wir noch mal in die eigenen Hände und in die Hände des Spielpartners. Diese Klatschfolge wird zu jeder Zeile wiederholt.

Ein Hosenknopf

Der Knopf, der Knopf, der Hosenknopf, der Hosenknopf der knallt.

Bei jedem „Kn“ wird mit der Zunge geschnalzt (das können meist erst ältere Kinder). Die Kinder stehen einander gegenüber und klatschen abwechselnd in die eigenen Hände und in beide Hände des Spielpartners. Die Kleinen können auch auf die Schenkel klatschen. Oder ältere Kinder klatschen abwechselnd überkreuz mit der eigenen linken Hand in die linke Hand und mit der rechten in die rechte Hand des Spielpartners.
Je nach Geschicklichkeit der Kinder können ganz neue, immer kompliziertere Klatschkombinationen erfunden werden.

Im Wald steht eine Kuh

Im Wald steht eine Kuh, Kuh, Kuh,
die schreit nur immer Muh, Muh, Muh.
Da kommt ein Stier vorbei, -bei, -bei,
den ärgert das Geschrei, -schrei, -schrei.
Er brüllt: „Die dummen Kühe,
die machen doch nur Mühe.“

Von „Im“ bis „Geschrei“: viermal in die eigenen Hände, die Hände des Partners, dreimal auf die Oberschenkel klatschen.
Von „Er“ bis „Mühe“: in die eigenen Hände, die Hände des Partners, zweimal auf die Oberschenkel klatschen.

Reime und Verse zum Mitmachen

Alter: ab 3 Jahren (so weit nicht anders angegeben)
Anzahl: ein Kind und mehr
Förderbereiche: Sprechfreude, Begriffsbildung, Wortschatz, Sprachverständnis, Feinmotorik/ Koordination, Sprechrhythmus, Konzentration, Zuhören/Sinn erfassen, Kreativität, Vorstellungsvermögen, allgemeine Wissenserweiterung, emotionale Entwicklung

Mit Reimen und Liedern haben Kindern schon immer gerne gespielt. Viele Kinderreime werden von Generation zu Generation überliefert, leicht abgewandelt und den Bedürfnissen angepasst. Kinder nutzen diese Reime, um miteinander ins Spiel zu kommen, Auseinandersetzungen verbal durchzustehen und sich miteinander zu verbünden und nicht zuletzt um sich von den Erwachsenen abzugrenzen. Ganz nebenbei üben sie, sich Text zu merken, Rhythmus und Reim aufeinander abzustimmen und Gestik und Mimik anzupassen. Abwechslung entsteht durch Lautstärke- und Tempovariation beim Sprechen.

Paul gratuliert zum Geburtstag

Weil du heut Geburtstag hast,
kommt ein ganz besonderer Gast.
Der Eisbär Brumm wünscht dir viel Glück,
dann stampft er zum Nordpol zurück.
Der Pinguin Patsch wünscht dir viel Glück,
dann watschelt er zum Südpol zurück.
Der Schneehase Hopp wünscht dir viel Glück,
dann hüpft er schnell zum Nordpol zurück.
Die Schneegans Quak wünscht dir viel Glück,
dann tapst auch sie zum Nordpol zurück.
Zum Schluss kommt der Eskimo Paul daher,
er ruft: „Ich gratuliere dir sehr!"

Fingerspiel: Alle Kinder sitzen am Geburtstagstisch. Für den Eisbären stampft die Faust über den Tisch. Dann watschelt die flache Hand als Pinguin, die Fingerspitzen springen als Schneehase oder tapsen als Schneegans auf das Geburtstagskind zu. Zuletzt gehen alle Kinder als Eskimo mit kleinen Schritten zum Geburtstagskind und gratulieren.

Die Mäuse mögen kleine Katzen

Die Mäuse mögen kleine Katzen,
die nur schnurren und nicht kratzen.
Doch wenn die Katzen hungrig sind,
dann fliehn die Mäuse ganz geschwind!

Ein oder mehrere Kinder werden zu Katzen, die anderen Kinder sind die Mäuse. Zunächst laufen oder krabbeln alle friedlich durcheinander und sprechen den Reim in einem selbst erfundenen Singsang. Doch plötzlich machen die hungrigen Katzen Jagd auf die Mäuse. Alle Mäuse versuchen in ein Mauseloch (hinter eine Bank, unter einen Tisch) zu fliehen. Die Mäuse, die erwischt werden, sind in der nächsten Spielrunde Katzen.

Kleine, leichte Steine – große, schwere Steine

Unter einem Tuch sind kleine und große Steine verborgen. Auf ein Zeichen der Spielleitung sollen die Kinder unter das Tuch greifen und einen kleinen, leichten und einen großen, schweren Stein ertasten. Dazu passt folgender Reim:

Zeige mir den kleinen Stein, klitzeklein und leicht ist er.
Zeig mir den kleinen, leichten Stein, zeig ihn einmal her!
Zeige mir den großen Stein, riesengroß und schwer.
Zeig mir den großen, schweren Stein, zeig ihn einmal her!

Materialien: kleine und große Steine, ein Tuch
Förderbereiche: Ausdruck, Begriffsbildung (klein/groß, leicht/schwer), Sprachverständnis, Wortschatz, taktile und visuelle Wahrnehmung

TIPP
Das Spiel kann mit anderen Gegenständen wiederholt werden: Murmeln, Löffel, Bauklötze

Kroko gratuliert

Kroko liegt am Strand und träumt,
irgendwas hat er versäumt.
Plötzlich fällt ihm wieder ein,
heut muss dein Geburtstag sein.
Und da springt er blitzschnell auf,
kommt geflitzt im Dauerlauf.
Strahlend sagt das liebe Tier:
„Alles Gute wünsch ich dir!"

Die gefalteten Hände an die Wange legen, um das schlafende Krokodil anzudeuten. Mit dem Zeigefinger an die Stirn tippen und auf das Geburtstagskind deuten. Zuletzt aufspringen, auf der Stelle oder wirklich zum Geburtstagskind rennen und gratulieren.
Wenn viele Kinder mitspielen, stellen sie sich in einer Reihe vor dem Geburtstagskind auf, gratulieren ihm herzlich und wünschen ihm Glück.

Eins, zwei, drei, so rühren wir den Brei

Eins, zwei, drei,
so rühren wir den Brei,
so knacken wir die Nüss',
so schaben wir Gemüs',
so binden wir die Schnur,
so fegen wir den Flur,
so melken wir die Kuh,
so putzen wir die Schuh,
so flicken wir das Kleid,
so sägen wir zu zweit.
Durch unsere Hände werden
wir froh und frei auf Erden.

Zuerst zeigen wir nacheinander drei Finger, dann werden die beschriebenen Tätigkeiten pantomimisch dargestellt. Zum letzten Satz fassen sich jeweils zwei Spieler über kreuz an den Händen und rütteln und schütteln sich ein wenig. Es ist sinnvoll, den Kindern die Tätigkeiten einmal in der Realität oder wenigstens im Bilderbuch zu zeigen und sie, wo es geht, auch wirklich einmal ausführen zu lassen.

Variation: Die Kinder kennen den Reim schon. Jetzt wird er als Lückentext angeboten, den die Kinder vervollständigen sollen.

Im Urwald

Im Urwald herrscht Getöse,
denn der Löwe ist böse.
Die Affen werfen Kokosnüsse
und die fallen in die Flüsse.
Die Zebras spielen Fangen
zusammen mit den Schlangen.
Die Elefanten stampfen laut,
da fährt der Löwe aus der Haut:
„Seid jetzt endlich einmal still,
weil ich meine Ruhe will!“

Die erste Zeile mit grimmigem Gesicht und brummender Stimme sprechen. Dann mit beiden Händen das Werfen der Kokosnüsse andeuten. Das Rennen der Zebras mit trippelnden Fingern auf der Tischplatte oder den Oberschenkeln andeuten und das Flüchten der Schlangen mit schlängelnden Hand- und Armbewegungen spielen. Für die Elefanten mit den Füßen stampfen und zuletzt zu „Haut“ in die Hände klatschen. Jetzt sollen alle möglichst lange ganz still sein – wer bricht das Schweigen oder stört die Ruhe?

Variation:
Die Kinder kennen den Reim schon. Jetzt wird er als Lückentext angeboten, den die Kinder vervollständigen sollen.

Die Mütze in der Pfütze

Unsinnsverse und das Ergänzen einfacher Reime gehören zu kreativem, spielerischem Umgang mit Sprache dazu. Einige Beispiele:

TIPP
Rätselreime, bei denen das letzte Wort als Reim ergänzt werden muss, sind die einfachste Rätselform für jüngere Kinder.

Dem Peter fällt die Mütze
in die große … (Pfütze).

Es rumort in meinem Bauch
eine dicke Stange … (Lauch).

Annas kleinen Kopf
schmückt ein hübscher … (Zopf, Topf).

In einem kleinen Haus
wohnt eine große … (Maus).

Der Hund zerrt an der Leine
und stolpert über seine … (Beine)

Das Nashorn hat die Nase
immer dicht am … (Grase).

Reimwörter schnappen

Alter: ab 5 Jahren
Anzahl: ein Kind und mehr
Materialien: Hängematte, Schaukelbrett oder Hängesitz, Bildkarten mit Reimwörtern
Förderbereiche: Körperwahrnehmung, Motorik, Konzentration, Wortschatz

Vorbereitung: Die Spielleitung hält Bildkarten mit Reimwörtern in der Hand und verteilt die passenden Bildkarten mit entsprechenden Reimwörtern auf dem Boden im „Zugriffsbereich" einer Hängematte. Ein Kind legt sich bäuchlings über die Hängematte oder das Schaukelbrett.

Die Spielleitung zeigt eine Bildkarte und spricht klar und deutlich die Bezeichnung des abgebildeten Gegenstandes. Das Kind wiederholt das Wort und schnappt nach allen Karten, die Bilder zeigen, deren Namen sich reimen. Zeigt die Spielleitung also beispielsweise eine Tanne, schnappt das Kind nach der Kanne, Pfanne … Gelingt es dem Kind, alle Reimwörter richtig zuzuordnen?

Da kommt ein großes Krokodil

Da kommt ein großes Krokodil,
das alle Kinder fangen will.
Es klappert und klappt,
bis es ganz plötzlich … schnappt.

TIPP
Der Reim wird ein paarmal mit allen Kindern gemeinsam gesprochen und wiederholt, damit sie ihn schon kennen.

Kreisspiel: Alle Kinder stehen im Kreis. Ein Kind wird durch Auszählen zum Krokodil bestimmt und geht in die Mitte des Kreises. Es wandert im Kreis herum und bildet mit beiden Armen und Händen ein großes Krokodilmaul, mit dem es ununterbrochen klappert, indem es die Arme und Hände öffnet und schließt. Nach „Es klappert und klappt, bis es ganz plötzlich …" macht es eine Pause, um dann ganz unvermittelt zuzuschnappen. Das geschnappte Kind wird das neue Krokodil.

Fangspiel: Ein Kind wird durch Auszählen zum Krokodil bestimmt. Alle Kinder laufen durch den Raum und das Krokodil spricht den Reim, zu dem es schließlich zuschnappt. Das geschnappte Kind wird das nächste Krokodil.

Die kleine Eule hat eine dicke Beule

1. Die kleine Eule
hat eine dicke Beule.

2. Das zarte Reh
hat einen blauen Zeh.

3. Der große Elefant
hat sich am Knie verbrannt.

4. Die winzige Maus
hat Kopfweh, oh Graus!

5. Der süße Hase
hat eine blutige Nase.

6. Eins von den dicken Schweinen
muss fürchterlich weinen.

7. Und zu allem Überfluss
hat mein Kind auch noch Verdruss.

8. Komm zu mir, mein kleiner Schatz,
ich tröste dich mit einem Schmatz.

Wenn Kinder sich ausgelassen bewegen, herumtollen und toben, kommt es schon hin und wieder zu kleinen Blessuren. Wenn es nicht allzu schlimm ist, kann ein Kind mit dem vorangegangenen Trostreim wieder ein wenig beruhigt werden: Reiben Sie dem Text entsprechend dem Kind die Stirn, dann den Zeh und über das Knie. Streichen Sie ihm über den Kopf und tupfen auf seine Nase. Wischen Sie die Tränen ab. Nehmen Sie das Kind in die Arme und trösten Sie es mit einem dicken Kuss.
Es können auch alle gemeinsam den Reim sprechen und die entsprechenden Stellen berühren.

TIPP
Wenn die Kinder den Reim schon kennen, wird er als Lückentext zum Vervollständigen angeboten.

Wortschatz erweitern und festigen

Sprechen, denken und argumentieren

Sprechen Sie von Anfang an viel mit Ihrem Kind. Erzählen Sie ihm von Ihren Erlebnissen und regen Sie es an, über seine Erlebnisse, Wünsche und Sorgen zu sprechen. Dafür bieten sich die gemeinsamen Mahlzeiten oder eine Autofahrt, die Zeit vor dem Zubettgehen und viele andere Gelegenheiten an. Regen Sie das Kind an nachzufragen, wenn es etwas nicht versteht, und gehen Sie auf seine Fragen ein.

Durch den Umgang mit guten Bilderbüchern von frühester Kindheit an, wird das Interesse an Büchern und auch die Leselust bei Kindern geweckt. Ihr Wortschatz und Sprachverständnis werden durch häufiges Vorlesen und Geschichtenerzählen erweitert und gefördert. Kinder, die viele Geschichten und Bilderbücher kennen, erfinden häufig auch gern selbst kleine Geschichten. Fantasievoll schmücken sie diese aus und üben dabei ihren aktiven (selbst gesprochenen) Wortschatz. Sie stellen Gedankenverbindungen und sinnvolle Zusammenhänge her und lernen zu argumentieren. Aus fantasievollen Geschichten entstehen häufig Figuren- und Rollenspiele.

Besuch von Rundi oder Ecki

Alter: ab 3 Jahren
Anzahl: ein Kind und mehr
Materialien: Handpuppe
Förderbereiche: Sprechfreude, Ausdruck, Wortschatz, Sprachverständnis, Zuhören/Sinn erfassen, Konzentration, Kommunikation (beschreiben, erklären, erzählen, freies Sprechen, argumentieren), Wissenserweiterung, logisches Denken, Fantasie

Rundi kommt aus einem seltsamen Land, in dem alles rund ist. Damit es sich nicht mehr so fremd fühlt, sollen die Kinder ihm einige runde Dinge aus ihrer Umgebung bringen.

Jetzt möchte Rundi wissen, warum hier nicht alle Dinge rund sind. Warum ist der Kühlschrank nicht rund? Was würde passieren, wenn der Würfel rund wäre? Warum gibt es hier keine runden Spielkisten?

Die Kinder sollen Rundis Fragen beantworten.

Variation: Ecki ist zu Gast.

Die Kuh sucht das Kälbchen

Die Kinder bekommen mehrere kleine Bauernhof- oder Zootiere. Die Spielleitung hat die entsprechenden „Muttertiere“. Die Muttertiere suchen ihre Kinder: „Mein Kälbchen, Fohlen, Ferkel … wo bist du?“ Das Kind nimmt das jeweilige Tier und antwortet mit den entsprechenden Tierlauten, damit die Mutter es findet. Das macht schon ganz kleinen Kindern großen Spaß.

Alter: ab 2 Jahren
Anzahl: ein Kind und mehr
Materialien: Gummitiere
Förderbereiche: Sprechfreude, Wortschatz, Sprachverständnis, Lautbildung, akustische Wahrnehmung, Zuhören/Sinn erfassen, Konzentration

Rückenmassage: Das Kind legt sich über die Beine der Spielleitung oder auf eine Matte. Die Spielleitung wandert mit den Fingern über den Rücken zum Ohr des Kindes und über die Schulter wieder weiter. Sie spricht dazu die folgenden Zeilen – das Kind ergänzt jeweils die Tierlaute:

Jetzt kommt der Hahn zu deinem Ohr,
kräht … und schleicht hinaus zum Tor.
Jetzt kommt die Henne zu deinem Ohr,
gackert … und schleicht hinaus zum Tor.
Jetzt kommt das Ferkel zu deinem Ohr,
grunzt … und schleicht hinaus zum Tor …

Fingermassage: Die Finger des Kindes sind die Tiere auf dem Bauernhof. Alle Tiere sollen gewaschen werden. Das Kind sagt welches Tier an der Reihe ist und die Spielleitung nimmt einen Finger nach dem anderen und massiert ihn.

Ausflug der Zootiere

Alter: ab 3 Jahren
Anzahl: ein Kind und mehr
Förderbereiche: Ausdruck, Sprachverständnis, Wortschatz, taktile und akustische Wahrnehmung, Sprache in Bewegung umsetzen, Motorik, Körperwahrnehmung

Vorbereitung: Das Spiel eignet sich nach einem Zoobesuch oder wenn vorher ein Zoobilderbuch betrachtet wurde besonders gut.

An einem wunderschönen Frühlingstag beschließen die Zootiere, einen Ausflug zu machen.
Allen voran stampft der Elefantenpapa – stampf, stampf, stampf,
dann kommt die Elefantenmama – stampf, stampf, stampf –
und hinterdrein kommen die Elefantenkinder – stampf, stampf, stampf.
Jetzt kommen der Schlangenpapa, die Schlangenmama, das Schlangenkind gekrochen – schsch …
Die Flamingos stolzieren mit – tipp, tipp, tipp …
Die Pinguine watscheln – watschel, watschel, watschel …
Die Kängurus hüpfen – hipp-hopp, hipp-hopp, hipp-hopp …
Die Zebras galoppieren – tarapp, tarapp, tarapp …
Zuletzt kommt der Zoodirektor gerannt und ruft laut: „Halt, hiergeblieben!"

Bewegungsspiel: Die Spielleitung erzählt die Zoogeschichte und die Kinder verwandeln sich jeweils in die erwähnten Tiere und bewegen sich auf die beschriebene Art fort. Wenn die Kinder schon etwas geübter sind, können sie den Tierpapa kräftig, die Mama etwas sanfter und das Kind zart auftreten lassen.

TIPP

Für dieses Spiel braucht kein Text auswendig gelernt zu werden. Erzählen Sie den Kindern die Geschichte, wie sie Ihnen gerade in den Sinn kommt. Meist fallen den Kindern selbst viele neue Varianten ein.

Massagespiel: Das Kind liegt auf einer Decke. Wieder wird die Zoogeschichte frei erzählt und begleitend spazieren die Hände als Tiere über den Körper des Kindes – der Elefantenpapa stampft natürlich viel kräftiger als die Elefantenkinder, für die Schlangenmama kriecht die ganze Hand mitsamt dem Arm, für die Schlangenkinder kriechen nur noch einzelne Finger …

Ein Dinosauriertag

Vorbereitung: Bilder- und Sachbücher von Dinosauriern betrachten

Alter: ab 5 Jahren
Anzahl: zwei Kinder und mehr
Materialien: Knetmasse
Förderbereiche: Kommunikation (beschreiben, erklären, erzählen), Wortschatz, Feinmotorik, Fantasie

Zwei Kinder finden sich zusammen und besprechen, wie ihr Dinosaurier aussehen soll. Nachdem sie den Dino gemeinsam geformt haben, denken sie sich Einzelheiten seiner Lebensweise oder auch ein besonderes Abenteuer für ihn aus, das sie durchspielen.
Schließlich findet sich die ganze Gruppe wieder zusammen. Die Teams stellen ihren Dinosaurier vor, beschreiben seine Lebensweise und beantworten Fragen dazu. Wer sich traut, kann das Dinoabenteuer schließlich auch vorspielen und erzählen.

TIPP
Auf die gleiche Weise können auch Weltraumwesen, Urtiere, Steinzeitmenschen, Unterwasserwesen oder andere Fantasiewesen erdacht werden.

Der Mond ist rund

Ein Kind spricht allein oder alle sprechen gemeinsam folgenden Reim:
Der Mond ist rund, der Mond ist rund,
er hat zwei Augen, Nas' und Mund.

Alter: ab 3 Jahren
Anzahl: ein Kind und mehr
Materialien: Papier und Wachsmalstifte, Tafel und Kreiden
Förderbereiche: Sprechfreude, Ausdruck, Wortschatz, Begriffsbildung (rund), Sprachverständnis, Feinmotorik, Zuhören/Sinn erfassen, Konzentration, Sprache in Bewegung umsetzen, rhythmisches Empfinden

Dem Text entsprechend wird auf das Papier der Mond mit einem lustigen Mondgesicht gemalt, wobei die Kinder zur ersten Zeile mehrere Kreise ziehen, ohne abzusetzen. Der Reim kann mehrmals wiederholt werden, während die Kinder für jeden Durchgang eine neue Farbe verwenden.

Hinweis: Achten Sie darauf, dass die Bewegungen locker aus dem Handgelenk erfolgen, ohne dass die Hand auf dem Papier aufliegt.

TIPP
Besonderen Spaß macht es, wenn die Kinder mit beiden Händen gleichzeitig malen. Dazu brauchen sie entweder eine Tafel oder große Papierbögen.

Dingsda

Alter: ab 3 Jahren mit Spielleitung
Anzahl: zwei Kinder und mehr
Materialien: Alltagsgegenstände
Förderbereiche: Sprachverständnis, Zuhören, Konzentration, Wortschatz, Ausdruck

Ziel ist es, einen Gegenstand zu erkennen und zu schnappen, den die Spielleitung umschreibt und der für alle im Raum sichtbar sein soll. Die Spielleitung beginnt z. B. so: „Mein Dingsda ist aus Plastik, gestreift, lang und dünn, mit einem Loch in der Mitte, ich kann es verwenden, wenn ich durstig bin … Schnapp dir mein Dingsda!“ Jetzt spurten alle los, um sich in diesem Fall den Strohhalm zu schnappen. Wichtig ist, dass der Gegenstand erst nach dem Schlusssatz geschnappt werden darf.

Hinweis: Für jüngere Kinder wird es einfacher, wenn eine Auswahl von Dingsdas in der Mitte liegt – am besten jeweils so viele, wie Kinder mitspielen, damit es keine Tränen gibt.
Spielen ältere Kinder, kann jeweils das Kind, das das Dingsda geschnappt hat, einen neuen Gegenstand beschreiben.

TIPP
Die Möglichkeit, Fragen zu stellen, kann neue Spannung ins Spiel bringen und weniger wortgewandten Kindern bei der Beschreibung hilfreich sein.

Chefsache

Alter: ab 5 Jahren
Anzahl: zwei Kinder und mehr
Materialien: keine
Förderbereiche: Kommunikation (freies Sprechen, argumentieren), Wortschatz

Vorbereitung: Den Kindern wird erklärt, was es bedeutet, Chef zu sein.

Ein Kind wird für eine gewisse Zeit zum Chef ernannt. Was ist dem neuen Chef wichtig? Welche Regeln führt er ein? Was erlaubt oder verbietet er und warum? Jedes Kind darf sich als Chef ganz eigene Regeln ausdenken und bei Rückfragen oder Kritik auch begründen, verteidigen oder sogar zurücknehmen.

Hinweis: Jeder sollte einmal Chef sein dürfen und die Erfahrung machen, auf Kritik oder Zuspruch zu reagieren.

Wolkengeschichten

Alle legen sich ins Gras und beobachten die Wolken, die am Himmel vorüberziehen. Wenn jemand ein Wolkenbild entdeckt, das einer Figur gleicht (z. B. Vogel, Hund, Gesicht) kann er das Bild beschreiben. Können die anderen es auch entdecken? Wer mag, kann eine kleine Wolkengeschichte erfinden, etwa so: „Siehst du auch den kleinen Vogel, genau über uns? Er will eine weite Reise machen. Sieh nur, wie er sich verändert – er wird größer und größer. Jetzt sieht er aus wie ein … Er muss gut aufpassen, denn von der Seite kommt gerade ein dicker Elefant auf ihn zu."
Kinder spinnen eine begonnene Geschichte gerne weiter und beschreiben fantasievoll ihre Wolkenbeobachtungen.

Alter: ab 5 Jahren
Anzahl: ein Kind und mehr
Förderbereiche: Sprechfreude, Ausdruck, Wortschatz, Sprachverständnis, visuelle taktile Wahrnehmung, Konzentration, Kommuniktion (beschreiben, erklären, erzählen, freies Sprechen), Fantasie

Herrscher und Untertan

Die Kinder finden sich paarweise zusammen. Ein Kind wird zum Herrscher, das andere Kind zum Untertan. Der Herrscher entscheidet, in welchem Spielbereich gearbeitet, beziehungsweise gespielt werden soll. Der Untertan muss nun die Anweisungen, die der Herrscher möglichst genau formuliert, ausführen. In der Puppenecke muss er beispielsweise den Tisch nach den Vorstellungen des Herrschers decken, in der Bauecke muss er einen Turm nach Anleitung bauen. Dabei müssen auch Angaben wie neben, über, unter, näher … richtig umgesetzt werden.
Nach einer bestimmten Zeit werden die Rollen getauscht.

Hinweis: Es bedarf einiger Übung, die Anweisungen präzise zu erteilen. Für jüngere Kinder kann es deshalb hilfreich sein, wenn zunächst eine Spielleitung die Rolle des Herrschers übernimmt. Es fällt dann leichter, das sprachliche Vorbild nachzuahmen.

Alter: ab 4 Jahren
Anzahl: zwei Kinder und mehr
Materialien: Spiel- oder Baumaterial
Förderbereiche: Zuhören, Anweisungen verstehen und umsetzen, Ausdruck, Wortschatz, Handlungsabläufe in Worte fassen, räumliches Denken (bei Bauanweisungen)

Superbaby

Alter: ab 5 Jahren
Anzahl: ein Kind und mehr, Spielleitung
Materialien: Handpuppe
Förderbereiche: Ausdruck, Wortschatz, freies Sprechen

Vorbereitung: Einführend wird eine kleine Geschichte vom Superbaby erzählt, das gerade erst auf die Welt gekommen und doch schon schrecklich neugierig ist.

Und schon beginnt das Baby mit seinen Fragen. Beispielsweise „Was ist ein Ball? Was ist Seife? Warum muss man sich waschen?" Wer eine Antwort kennt, darf sich melden. Das Superbaby hört sich alle angebotenen Antworten an, bevor es seine nächste Frage stellt. Wenn es müde ist, verkriecht es sich und stellt ein andermal weitere Fragen.

Namensgeschichten

Alter: ab 5 Jahren
Anzahl: ein Kind und mehr
Materialien: evtl.Telefonbuch

Im Telefonbuch gibt es viele verschiedene Namen. Manche klingen lustig, manche scheinen eine Bedeutung zu haben. Lesen Sie dem Kind unterschiedliche Namen aus dem Telefonbuch vor. Ältere Kinder können auch selbst Namen auswählen. Die Kinder sollen eine kleine Geschichte zu den Namen erfinden und erzählen oder malen: Hat Frau Engel blonde Locken wie ein Engel, oder benimmt sie sich ständig wie ein Engel, indem sie jedem hilft und Gutes tut? Ist Herr Friedel immer besonders friedlich, oder hat er einfach ein freundliches, friedliches Gesicht?

Der Feenwunsch

Alter: ab 6 Jahren
Anzahl: zwei Kinder und mehr
Förderbereiche: Sprechfreude, Ausdruck, Wortschatz, Sprachverständnis, Zuhören/Sinn erfassen, Kommunikation (beschreiben, erklären, erzählen, freies Sprechen, argumentieren), Fantasie

Ein Kind beginnt mit folgendem Satz: „Würde mir eine Fee einen Wunsch erfüllen, wüsste ich schon, was ich gerne hätte!" Jetzt beschreibt das Kind den Gegenstand, den es sich wünschen würde in allen Einzelheiten. Wer den Gegenstand zuerst errät, darf den nächsten Feenwunsch beschreiben.

Hinweis: Lässt sich auch gut während einer Autofahrt oder im Wartezimmer spielen.

Geschichten erfinden

Alle sollen eine kleine Geschichte erfinden. In der Geschichte müssen bestimmte Wörter vorkommen, z. B.: Knopf, Junge, Ball … Jedes Kind kann sich selbst eine Geschichte mit den vorgegebenen Worten ausdenken oder alle Kinder arbeiten als Team zusammen und basteln gemeinsam an der Geschichte.
Für ältere Kinder: Alle sitzen im Kreis. Ein Kind hat einen Ball und beginnt. An einer beliebigen Stelle in seiner Geschichte rollt es den Ball einem anderen Kind zu. Dieses Kind soll die Geschichte fortsetzen.

Hinweis: Je älter die Kinder sind, desto mehr Wörter können vorgegeben werden. Für jüngere Kinder ist es hilfreich, wenn Gegenstände oder Bilder für die Wörter zur Verfügung stehen, also etwa ein Spielzeugauto, ein Knopf, eine Schnur …

Variation: In der Mitte liegen verschiedene Gegenstände oder Bildkärtchen. Die Kinder wählen jeweils einen Gegenstand aus und bauen ihn in die Geschichte ein. Dann nehmen sie den Gegenstand an sich. Die Geschichte wird so lange fortgesetzt, bis alle Gegenstände verteilt sind. Wer hat die meisten Gegenstände?
Schwieriger wird es, wenn das Kind, das erzählt, nicht selbst die Reihenfolge der Wörter bestimmen darf, weil die Mitspieler immer einen Gegenstand oder ein Kärtchen hochhalten, das der Erzähler in seine Geschichte einbauen muss.

Alter: ab 5 Jahren
Anzahl: ein Kind und mehr
Materialien: evtl. Kassettenrekorder, Stifte, Papier (Variation: Ball, evtl. verschiedene Alltagsgegenstände, Bildkärtchen, Zeitschriften- und Katalogbilder)
Förderbereiche: Sprechfreude, Ausdruck, Wortschatz, Sprachverständnis, akustische Wahrnehmung, Zuhören/Sinn erfassen, Konzentration, Kommunikation (erzählen, freies Sprechen), Fantasie

TIPP
Wer mag, kann die Geschichte auf Kassette sprechen oder aufschreiben.

Zuhören und Aufgaben erfassen

Eine wichtige Voraussetzung, damit Kinder Aufgaben erfassen und umsetzen können, ist, dass sie gelernt haben, genau zuzuhören. Dazu gehört auch, dass ein Kind sich persönlich angesprochen fühlt, wenn in einer Kindergruppe oder Schulklasse eine Anweisung gegeben oder eine Aufgabe erklärt wird. Oft fällt es Kindern schwer, so genau hinzuhören, dass sie einen Auftrag richtig verstehen und umsetzen können, oder sie meinen eine Antwort schon zu kennen, bevor sie die ganze Frage gehört haben. Genaues, sinnerfassendes Zuhören kann mit etwas Übung zunehmend besser gelingen.

Der Regen ist nass (Paare bilden)

Alter: ab 3 Jahren
Anzahl: ein Kind und mehr
Materialien: verschiedene Gegenstände, die gleich sind oder zusammengehören, etwa ein Paar Socken, Schuhe, Messer und Gabel, Topf und Deckel …
Förderbereiche: Sprachverständnis, Wortschatz, Zusammenhänge erkennen, Konzentration

Die Spielleitung versteckt jeweils einen der beiden Gegenstände. Dann zeigt und benennt sie einen einzelnen Strumpf, Schuh, Löffel … und die Kinder sollen das Gegenstück dazu suchen.

Variation (mit 9 Kindern und mehr, Spielleitung): Die Kinder werden in zwei Gruppen aufgeteilt und stellen sich jeweils in einer Reihe gegenüber auf. Die Spielleitung nennt jedem Kind der einen Gruppe einen Gegenstand (Regen, Zucker, Schnee, Rennauto …) und jedem Kind der anderen Gruppe eine Eigenschaft, die zu einem der Gegenstände passt (nass, süß, kalt, schnell …) Jetzt sucht jedes Kind durch Befragen der Kinder aus der anderen Gruppe einen Partner. Wenn sich alle Partner gefunden haben, beschreiben sie sich jeweils mit einem kurzen, aber vollständigen Satz: „Der Regen ist nass. Der Zucker ist süß …" Oder: Es werden jeweils zwei Dinge genannt, die zusammengehören, etwa: Hammer und Nagel, Messer und Gabel, Nadel und Faden, Vater und Mutter, Topf und Deckel, Tisch und Stuhl …

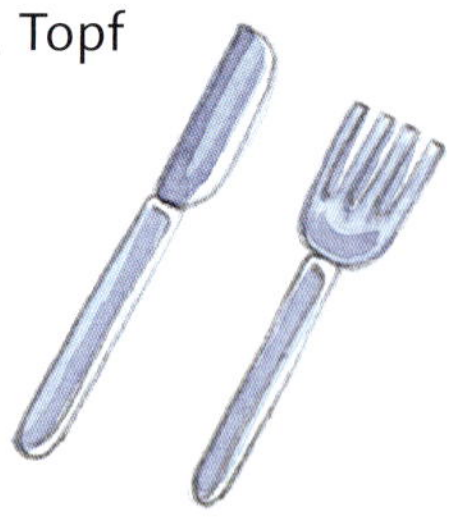

Einkaufen (Mehrzahl bilden)

Vorbereitung: Die Gegenstände oder Bilder werden gemischt auf einem großen Tisch oder einer Decke ausgelegt.

Die Kinder kaufen ein, was sie möchten, oder sie bekommen den Auftrag bestimmte Dinge einzukaufen, etwa: „Kaufe Obst für einen Obstsalat!" „Kaufe zwei Dinge, die aus Holz sind und ein Ding, das aus Plastik ist!" Oder: „Kaufe zwei Teile in der Metzgerei und ein Spielzeug." Selbstverständlich wird die Ware an der Kasse gezählt: „Ich habe drei Äpfel und zwei Bananen …"

Alter: ab 3 Jahren
Anzahl: zwei Kinder und mehr
Materialien: Gegenstände aus verschiedenen Materialien (wie Spielzeug aus Holz, Plastik), Bilder, die bestimmten Sammelbegriffen zugeordnet werden können, also etwa Möbel, Spielzeug, Pflanzen …
Förderbereiche: Sprechfreude, Ausdruck, Wortschatz, Mehrzahlbildung, Sprachverständnis, Zuhören/Sinn erfassen, Kommunikation (verbale Kontaktaufnahme, freies Sprechen), Wissenserweiterung

Lahmer Osterhase

Der Osterhase ist zu schnell gehoppelt und hat sich am Bein verletzt. Jetzt braucht er dringend Hilfe. Wer kann ihm helfen, die Ostereier zu verstecken? Er gibt seine Anweisungen: „Lege ein gelbes Ei vor den Schrank! Lege drei rote Eier hinter den Papierkorb!" usw.
Der Schwierigkeitsgrad kann variiert werden, einfacher wird es, wenn immer nur ein Ei, egal welcher Farbe, versteckt werden soll.
Weiterführende Spielidee: Der Osterhase hat sich geirrt und ist einen Tag zu früh losgezogen. Wer kann ihm sagen, wo er die Eier jetzt wiederfindet? Die Kinder geben die Anweisungen, der Osterhase sucht.

Alter: ab 3 Jahren
Anzahl: ein Kind und mehr
Materialien: kleine Ostereier, Schokolinsen, Perlen o.Ä., eventuell Hasenhandpuppe
Förderbereiche: Sprechfreude, Ausdruck, Wortschatz, Begriffsbildung (Präpositionen), Sprachverständnis, akustische und visuelle Wahrnehmung, Zuhören/Sinn erfassen, Konzentration

Hausrallye

Alter: ab 3 Jahren
Anzahl: zwei Kinder und mehr
Materialien: verschiedene Alltagsgegenstände – siehe Aufgabenstellung
Förderbereiche: Sprechfreude, Ausdruck, Wortschatz, Sprachverständnis, Zuhören/Sinn erfassen, Konzentration, Kommunikation (erklären, erzählen, freies Sprechen, argumentieren), allgemeine Wissenserweiterung, logisches Denken, Fantasie

Vorbereitung: Die Kinder sollten sich im Haus gut auskennen. Die Aufgabenvorbereitung wird bei dem jeweiligen Beispiel erklärt.

Für die Hausrallye werden den Kindern verschiedene Aufgaben gestellt, die sie erfüllen sollen. Der Schwierigkeitsgrad wird dem Alter der Kinder angepasst. Jüngere Kinder machen sich einfach gemeinsam auf den Weg – und wenn alle Aufgaben erfüllt sind, bekommen alle eine kleine Stärkung. Ältere Kinder können Gruppen bilden und um die Wette spielen. Für jüngere Kinder sollte für jede Spielgruppe eine Spielleitung zur Verfügung stehen, um die Aufgaben vorzulesen.

Beispielaufgaben:

- Unter einem Tuch liegen verschiedene Gegenstände bereit, zu denen es jeweils eine sinnvolle Ergänzung gibt. Die Kinder sehen sich alle Teile an, benennen sie und machen sich auf den Weg, um das fehlende Teil zu holen, z. B.: Topf – Deckel, Nagel – Hammer, Gabel – Messer, Zahncreme – Zahnbürste, Spitzer – Stift …
- Alle Kinder sollen eine bestimmte Anzahl Gegenstände suchen, die weich, hart, eckig, rund, rot … sind. Die Anzahl der Gegenstände richtet sich nach dem Alter der Kinder.
- Ein beliebiger Gegenstand wird von der Spielleitung beschrieben, wer weiß, worum es sich handelt, macht sich auf den Weg, den Gegenstand zu holen.

Es können beliebig viele Aufgaben dazugenommen werden, ganz nach Spiellust der Kinder. Wenn die letzte Aufgabe lautet, alle Gegenstände wieder an ihren Platz zurückzubringen, wird das Aufräumen nicht sehr aufwendig.

Eine Waldgeschichte

Alter: ab 4 Jahren
Anzahl: ein Kind und mehr, Spielleitung
Materialien: keine
Förderbereiche: Zuhören/Reagieren, Konzentration, Gehörtes in Bewegung umsetzen, Wortschatz

Erzählen Sie den Kindern eine Waldgeschichte. Doch bevor es losgehen kann, wird jedem Kind eine Rolle und eine Aufgabe zugeteilt: Ein Kind ist die Eule – es soll aufstehen und mit den Armen flattern, sobald das Wort Eule in der Geschichte vorkommt. Ein Kind ist der Hase – es soll aufstehen und an seinen Platz hüpfen. Ein Kind ist die Maus – es soll mit seinen Füßen ein trappelndes Geräusch machen … Es kann noch einen Fuchs, einen Dachs, ein Reh und vieles mehr geben.
Die Geschichte könnte so beginnen: „Heute gehe ich im Wald spazieren, denn das Wetter ist so schön. Plötzlich knackt es im Unterholz. Was kann das nur sein? Vorsichtig schleiche ich mich an. Da springt ein Reh hinter einem Baum hervor …"

Variation: Es sind Geschichten aus allen denkbaren Themenbereichen möglich. Für jüngere Kinder ist es einfacher, wenn alle zusammen auf das gleiche Wort reagieren sollen. Kommt zum Beispiel in einer Geschichte das Wort Hund vor, sollen alle bellen, oder kommt das Wort Donner vor, sollen alle mit den Füßen stampfen. Kommt das Wort Hase vor, sollen alle einmal hüpfen, bei Vogel mit den Armen als Flügel schlagen, kommt das Wort Löffel vor, sollen alle einen Löffel, der in der Mitte liegt, schnappen, kommt die Farbe Blau vor, sollen alle auf einen blauen Gegenstand zeigen …

Zeichnen nach Gehör

Alter: ab 6 Jahren
Anzahl: zwei Kinder und mehr
Materialien: kariertes Papier, Stifte, Trennwand oder anderen Sichtschutz (z. B. ein Buch)

Die Kinder sitzen einander gegenüber und markieren an der gleichen Stelle den Ausgangspunkt ihrer Zeichnung. Dann stellen sie einen Sichtschutz zwischen sich auf. Ein Kind gibt Anweisungen, wie der Stift geführt werden soll, die es selbst ebenfalls ausführt, z. B.: „Zeichne vom Ausgangspunkt zwei Kästchen nach oben, drei Kästchen nach links, drei Kästchen nach oben, ein Kästchen nach rechts, ein Kästchen nach unten ..." Anschließend wird verglichen, ob die Zeichnungen gleich aussehen.

TIPP
Die Kommandos können auch von einer Spielleitung für mehrere Kinder gegeben werden.

Hinweis: Hier geht es nicht nur darum, genau zuzuhören, die Kinder müssen auch Richtungsangaben wie rechts und links, nach oben oder unten verstehen und umsetzen können.

Zauberflasche

Alter: ab 4 Jahren
Anzahl: drei Spieler und mehr
Materialien: eine leere Flasche
Förderbereiche: Sprechfreude, Ausdruck, Wortschatz, Sprachverständnis, Feinmotorik/Koordination, Zuhören/Sinn erfassen, Sprache in Bewegung umsetzen, Hören/Reagieren

Alle Kinder knien auf dem Boden, die Flasche liegt in der Mitte. Ein Kind dreht die Flasche und spricht dazu folgenden Reim: „Zauberflasche sag mir an, wer am besten Zähne putzen kann." Das Kind, auf das der Flaschenhals schließlich weist, soll die Aufgabe pantomimisch ausführen und darf dann selbst die Zauberflasche drehen und sich eine neue Aufgabe ausdenken. Zum Beispiel: Zauberflasche sag mir an, wer am besten eislaufen kann, oder wer am besten bügeln kann, wer am besten schreiben kann. Natürlich können auch Bewegungsaufgaben gestellt werden, zum Beispiel auf einem Bein hüpfen, Purzelbaum schlagen, stampfen, durch das Zimmer hüpfen ...

Sprechen und verstehen – Rätsel und Denkspiele

Kinder beobachten ihre Umgebung genau. Sie möchten ihre Umwelt verstehen und Zusammenhänge erkennen. Rätsel sind für Kinder eine spannende und reizvolle Möglichkeit, ihre Kenntnisse und ihr Verständnis unter Beweis zu stellen. Die Umschreibung von Dingen aus der unmittelbaren Erfahrungswelt der Kinder weckt ihre Neugier und hilft ihnen Sinnzusammenhänge zu bilden und Begriffe und Oberbegriffe folgerichtig zu ordnen. Um Lösungen zu finden, müssen Kinder ihr Wissen abrufen und ihr Vorstellungsvermögen und ihre Fantasie gebrauchen. Nur wer genau hinhört kann sicher sein, dass ihm keine wichtigen Einzelheiten entgehen. Formulieren Kinder selbst Rätsel und versuchen Umschreibungen und Erklärungen für alltägliche Dinge zu finden, üben sie ihren aktiven Sprachschatz. Scherzrätsel regen dazu an, „um die Ecke" zu denken und Wortbedeutungen zu hinterfragen. Sie können von Kindern gelöst werden, die schon sehr sprachgewandt sind und zum Beispiel wissen, dass manche Wörter mehrere Bedeutungen haben können, wie z. B. Hahn: Gockel, Wasserhahn; Birne: Frucht, Glühbirne …

Zupacken

Vorbereitung: Auf dem Tisch werden verschiedene Alltagsgegenstände ausgelegt. Mit jüngeren Kindern werden alle Gegenstände betrachtet und benannt, bevor das Spiel beginnen kann.

Die Spielleitung zählt willkürlich Gegenstände auf – nicht alle genannten Gegenstände liegen auf dem Tisch, aber wenn einer der vorhandenen Gegenstände genannt wird, sollen die Kinder schnell zupacken. Wer den genannten Gegenstand erwischt, darf ihn bei sich behalten. Wer hat am Schluss die meisten Gegenstände ergreifen können?

Alter: ab 3 Jahren
Anzahl: zwei Kinder und mehr
Materialien: verschiedene Alltagsgegenstände
Förderbereiche: Wortschatz, Sprachverständnis, akustische und visuelle Wahrnehmung, Zuhören/Sinn erfassen, Hören/Reagieren, Konzentration

Größer oder kleiner?

Alter: ab 3 Jahren
Anzahl: zwei Kinder und mehr, Spielleitung
Materialien: keine, eventuell Knöpfe, Erbsen oder andere Kleinteile zum Verteilen
Förderbereiche: Wortschatz, Sprachverständnis, Zuhören/Sinn erfassen, Konzentration, allgemeine Wissenserweiterung, logisches Denken

Alle Kinder sitzen im Kreis. Die Spielleitung stellt den Kindern Fragen, die sich immer auf die Größe verschiedener Gegenstände beziehen, z. B.: „Was ist größer, die Nadel oder der Nagel?“ Wer zuerst die richtige Antwort mit einem ganzen Satz nennt, bekommt einen Knopf. Wer kann am meisten Knöpfe ergattern?

Variation für draußen: Alle Kinder stehen in einer Reihe. Die Spielleitung steht mit ein paar Metern Abstand gegenüber. Für die schnellste richtige Antwort darf ein Kind einen Schritt nach vorne tun. Wer zuerst bei der Spielleitung angekommen ist, hat gewonnen.

Einige Beispiele: Katze – Maus, Kuh – Kälbchen, Adler – Meise, Fluss – Bach, Frau – Mädchen, Nähnadel – Stricknadel, Eierbecher – Trinkbecher, Apfel – Pflaume, Esslöffel – Teelöffel, Omnibus – Auto, Haarbürste – Zahnbürste, Fingerhut – Cowboyhut …

Giggi Gegenteil – Gegensätze finden

Alter: ab 4 Jahren
Anzahl: ein Kind und mehr
Materialien: Handpuppe
Förderbereiche: Sprechfreude, Ausdruck, Wortschatz, Sprachverständnis, Zuhören/Sinn erfassen, Konzentration, Vorstellungskraft, freies Sprechen, Fantasie

TIPP
Mit jüngeren Kindern kann es sinnvoll sein, wenn nur die Spielleitung Fragen stellt oder alle vor dem Spiel viele Gegensätze suchen.

Die Spielleitung stellt den Kindern die Handpuppe Giggi Gegenteil vor. Giggi möchte immer von allem das Gegenteil. Die Spielleitung beginnt und nennt ein Eigenschaftswort und fordert ein Kind auf, das Gegenteil zu nennen. Sie sagt: „Ich bin groß!“

Oder etwas schwerer: Die Kinder nennen nicht nur gegensätzliche Eigenschaften , sondern sollen auch Dinge dazu finden, die diese Eigenschaften besitzen: „Die Maus ist klein, der Elefant ist …“ „Das Eis ist kalt, der Tee ist …“ (Oder: dick – dünn, sauber – schmutzig, gesund – krank, rund – eckig, stumpf – spitz, lang – kurz, süß – sauer, breit – schmal, hinten – vorn, hungrig – satt, wenig – viel, hart – weich, nass – trocken.) Wer das Gegenteil benennen kann und eine richtige Antwort findet, darf selbst die Handpuppe nehmen, die nächste Frage stellen und ein Kind auswählen, das antworten soll.

Wortfamilien

Die Spielleitung nennt ein Hauptwort, die Kinder sollen reihum möglichst viele zusammengesetzte Hauptwörter damit bilden. Jeder, der ein zusammengesetztes, sinnvolles Wort bilden kann, darf sich einen Knopf aus dem Körbchen nehmen. Wer hat am Schluss die meisten Knöpfe? Zum Beispiel: Blume – Blumentopf, Blumenstrauß, Blumenvase, Blumenbeet, Blumenduft, Frühlingsblume …

Alter: ab 5 Jahren
Anzahl: ein Kind und mehr
Materialien: ein Körbchen mit Knöpfen, Nüssen …
Förderbereiche: Sprechfreude, Ausdruck, Wortschatz, Sprachverständnis, akustische Wahrnehmung, Zuhören/Sinn erfassen, Konzentration, Wissenserweiterung

Gegenteile

Große Riesen, kleine Zwerge,
kleine Hügel, große Berge.
Heißes Feuer, kalter Schnee,
kaltes Eis und heißer Tee.
Dicke Bretter, dünne Stangen,
dünne Bäuche, dicke Wangen.
Großes Meer und kleiner See,
kleiner Finger, großer Zeh.
Heller Tag und dunkle Nacht,
wer das verdreht wird ausgelacht.

Der Reim wird mit passenden Bewegungen begleitet. Das Kind macht sich riesengroß und zwergenklein, zeigt mit der Hand einen kleinen Hügel und mit beiden Armen einen großen Berg. Es zieht die Hand schnell zurück, als hätte es sich verbrannt und legt die Arme wärmend um den Körper, schleckt an einem imaginären Eis und trinkt einen imaginären Tee. Die Hände zeigen dicke Bretter und dünne Stangen. Die Hände werden um den dünnen Bauch und an die dicken Wangen gelegt. Mit dem ganzen Arm werden große Wellen, mit der Hand kleine Wellen beschrieben, auf den kleinen Finger und großen Zeh gezeigt und schließlich zuerst ein Luftsprung gemacht und die Hände wie zum Schlaf an die Wangen gelegt und der Kopf geneigt.

Alter: ab 4 Jahren
Anzahl: ein Kind und mehr
Förderbereiche: Sprechfreude, Ausdruck, Wortschatz, Sprachverständnis, Motorik/Koordination, Zuhören/Sinn erfassen, Konzentration, Sprache in Bewegung umsetzen, Wissenserweiterung

Papperlapapp – Unsinnsverse – verkehrte Welt

Alter: ab 4 Jahren
Anzahl: ein Kind und mehr
Förderbereiche: Konzentration, Zuhören und Sinn bzw. Unsinn des Gehörten erfassen, logisches Denken

Vorbereitung: Es ist sinnvoll, jüngeren Kindern ein paar „unsinnige“ Beispiele vorzustellen, damit sie verstehen, worauf sie achten sollen.

Den Kindern wird eine Geschichte erzählt, in der allerlei Unsinn vorkommt. Die Kinder sollen aufmerksam zuhören und „Papperlapapp“ sagen, sobald sie einen Fehler erkennen. Die Kinder können auch mit den Füßen stampfen, in die Hände klatschen, aufspringen … wenn ihnen ein Fehler auffällt.

Beispiel: „Gestern, als es dunkel war und alle schliefen, brannte die Sonne so heiß vom Himmel, dass ich einfach nicht schlafen konnte. Ich stand auf und sah aus dem Fenster. Eine kleine Maus flog wiehernd an meinem Fenster vorbei. Sie landete auf dem Apfelbaum in unserem Garten und pflückte eine Kartoffel …“

TIPP
Besonders jüngere Kinder sagen manchmal nach jedem Wort „papperlapapp“. Wenn vor Spielbeginn vereinbart wird, dass für jedes unangebrachte „papperlapapp“ ein Pfand gegeben werden muss, bremsen sich die Kinder meist schnell.

Unsinnsvers:
Dunkel war's, der Mond schien helle,
Schnee lag auf der grünen Flur,
als ein Wagen blitzeschnelle
langsam um die Ecke fuhr.
Drinnen saßen stehend Leute,
schweigend ins Gespräch vertieft,
als ein totgeschossner Hase
auf der Sandbank Schlittschuh lief.
Und ein blondgelockter Jüngling
mit kohlrabenschwarzem Haar
saß auf einer blauen Kiste,
die rot angestrichen war.
Dieser sprach zu seiner Tante,
die schon längst gestorben war:
„Augen hast du wie Korallen,
alle Ochsen gleichen dir!“

Verkehrte Welt (überliefert):
Des Abends, wenn ich früh aufsteh,
des Morgens, wenn zu Bett ich geh,
dann krähen die Hühner, dann gackert der Hahn,
dann fängt das Korn zu dreschen an.
Die Magd, die steckt den Ofen ins Feuer,
die Frau, die schlägt drei Suppen in die Eier,
der Knecht, der kehrt mit der Stube den Besen,
da sitzen die Erbsen, die Kinder zu lesen.
Oh weh, wie sind mir die Stiefel geschwollen,
dass sie nicht in die Beine reinwollen!
Nimm drei Pfund Stiefel und schmiere das Fett,
dann stell mir vor die Stiefel das Bett.

Verrückte Welt:
Im Sommer, wenn es kräftig schneit,
dann ist das Christkind nicht mehr weit.
Im Winter, wenn die Sonne lacht,
dann wird ein Badetag gemacht.
Am Abend wird es draußen hell,
wir springen aus den Betten schnell.
Am Morgen kommt die Dunkelheit,
dann ist zum Schlafen höchste Zeit.
Das glauben alle klugen Leute,
nur die Dummen lachen heute.

Können die Kinder alles in Ordnung bringen? Das ist in diesem Fall gar nicht so einfach, denn manches stammt ja nicht aus der unmittelbaren Erfahrungswelt der Kinder. Anlass genug, über die Bedeutung der Aussagen zu sprechen.

Kuckucksei

Alter: ab 4 Jahren
Anzahl: ein Kind und mehr
Förderbereiche: Wortschatz (Oberbegriffe, z. B. Möbel, Spielzeug, Farben ...), Sprachverständnis, Zuhören/Sinn erfassen, Zusammenhänge erkennen, Konzentration, Vorstellungskraft, Kommunikation (freies Sprechen, erklären, argumentieren), allgemeine Wissenserweiterung, Fantasie

TIPP
Je sprachgewandter die Kinder werden, desto genauer können sie differenzieren.

Vorbereitung: Den Kindern kann kurz erklärt werden, was ein Kuckucksei ist, auch der Ursprung des Spieltitels interessiert das Kind vielleicht (der Kuckuck legt seine Eier in fremde Nester).

Die Spielleitung zählt drei oder mehr Wörter auf, von denen eines nicht zu den anderen passt. Die Kinder sollen dieses Wort – das Kuckucksei – nennen, und wenn sie es richtig erkannt haben, begründen, warum es sich dabei um das Kuckucksei handelt.

Zum Beispiel:

- Tisch, Stuhl, Ball, Sofa, Schrank – Möbel und Spielzeug.
- Hund, Goldhamster, Wellensittich, Sperling – Haustier und frei lebendes Tier.
- Hund, Katze, Puppe, Maus – Tiere und Spielzeug.
- Messer, Gabel, Schüssel, Messer – Besteck und Geschirr.
- Rot, gelb, grün, rund, lila, blau – Farben und Form ...

A-Wörter

Alter: ab 6 Jahren
Anzahl: zwei Kinder und mehr
Materialien: Sanduhr oder Münze
Förderbereiche: Wortschatz, Feinmotorik/Koordination, Konzentration

Vorbereitung: Wird mit einer Münze gespielt, üben die Kinder zunächst ein paarmal die Münze auf der Kante kreiseln zu lassen.

Ein Kind nennt den Namen eines mitspielenden Kindes, einen beliebigen Buchstaben und dreht die Sanduhr oder lässt die Münze kreiseln. Das aufgerufene Kind soll nun möglichst viele Dinge nennen, die mit diesem Buchstaben beginnen – alle zählen mit, bis die Zeit abgelaufen ist oder die Münze liegt.

Viel für Nimmersatt

Das verknotete Taschentuch ist der kleine Nimmersatt, der einfach nie genug haben kann. Er möchte alles, was sich die Kinder denken können und er möchte immer viel davon. Die Kinder stehen im Kreis. Ein Kind beginnt und wirft den kleinen Nimmersatt einem anderen Kind zu. Dabei nennt es einen Gegenstand in der Einzahl, z. B.: „Ich gebe dir einen Apfel!" Das Kind, das den Ball fängt, muss dem kleinen Nimmersatt die Mehrzahl dieses Gegenstandes geben, indem es sagt: „Ich gebe dir viele Äpfel!" Hat es die Mehrzahl richtig gebildet, darf es den kleinen Nimmersatt weiterwerfen und ihm einen Gegenstand anbieten. Hat es die Mehrzahl falsch gebildet, darf es das Taschentuch an ein anderes Kind weiterwerfen, das nun seinerseits versucht, die richtige Mehrzahl zu bilden.

Alter: ab 5 Jahren
Anzahl: fünf Kinder und mehr
Materialien: ein verknotetes Taschentuch
Förderbereiche: Sprechfreude, Ausdruck, Wortschatz, Sprachverständnis, Feinmotorik/Koordination, Zuhören/Sinn erfassen, Konzentration, Hören/Reagieren

Wortkette

Alle Kinder sitzen oder stehen im Kreis. Ein Kind beginnt, wirft einem anderen den Ball zu und nennt ein zusammengesetztes Hauptwort. Das Kind, das den Ball gefangen hat, bildet aus dem zweiten Teil des Wortes ein neues Wort und wirft den Ball wieder einem anderen Kind zu. Wer kein passendes zusammengesetztes Hauptwort findet, scheidet aus oder gibt ein Pfand. So wird gespielt, bis niemand mehr eine Fortsetzung einfällt. Beispiel: Fußboden – Bodenplatte – Plattenspieler …
Es kann vorher vereinbart werden, dass auch Fantasie- und Unsinnswörter gebildet werden dürfen, z.B. Schuhspitze – Spitzenhut – Hutschachtel – Schachtelnase – Nasenblume …
Wenn jemand nach der Bedeutung fragt, muss man sein Unsinnswort möglichst witzig erklären.

Alter: ab 7 Jahren
Anzahl: zwei Kinder und mehr
Materialien: keine
Förderbereiche: Sprechfreude, Wortschatz, Sprachverständnis, akustische Wahrnehmung, Konzentration, Sprachfantasie

Sinneswahrnehmungen sprachlich umsetzen

Alter: ab 3 Jahren
Anzahl: ein Kind und mehr
Förderbereiche: Sprechfreude, Wortschatz, Begriffsbildung (Körperteile, Präpositionen), Sprachverständnis, Feinmotorik/Koordination, Zuhören/Sinn erfassen, Körperwahrnehmung in Sprache umsetzen, Wissenserweiterung, emotionale Entwicklung

Sprechen zu können meint nicht nur, den Vorgang des Sprechens zu beherrschen, sondern auch Sprache beherrschen im Sinne von sich ausdrücken können. Wer sich gut ausdrücken kann, ist in der Lage, seine Eindrücke und Erlebnisse, seine sinnlichen Erfahrungen, seine Gefühle und vieles mehr in Worte zu fassen. Je differenzierter die Sinneseindrücke also wahrgenommen werden, desto intensiver, sprachlich „bunter" und vielfältiger wird der Austausch sein können.

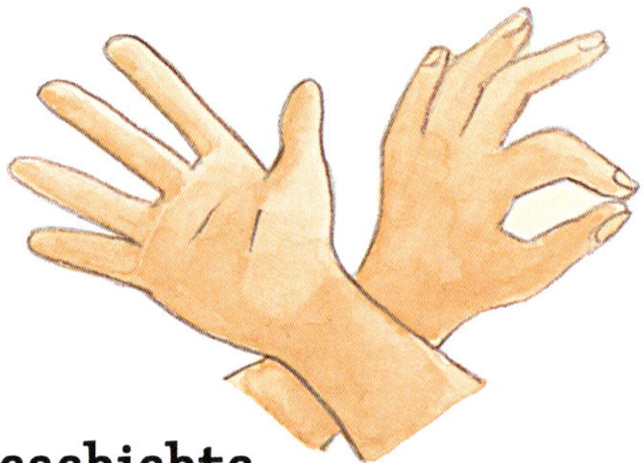

Körpervogel – Mitmachgeschichte

Eine Hand wird zum Vogel, Daumen und Zeigefinger sind der Schnabel. Schon macht sich der Körpervogel auf den Weg und pickt in die unterschiedlichen Körperteile, die von der Spielleitung oder den Kindern selbst genannt werden. Der Körpervogel pickt auch in weniger geläufige Körperteile, z. B. in eine Fingerspitze, den Mittelfinger, das Ohrläppchen, den Nacken …

Dies kann in eine kleine Geschichte eingebettet werden: „Der kleine Vogel ist sehr neugierig und ständig auf Entdeckungsreise. Jeden Tag findet er interessante und spannende Dinge und stell dir vor, heute hat er dich entdeckt – was ist das nur für ein lustiges Ohr …"

Später macht sich der kleine Vogel erneut auf die Suche und hat alle Namen der Körperteile vergessen – das Kind hilft ihm auf die Sprünge …

Variation: Der Körpervogel kann sich auch verwandeln und auf die Reise durch das Zimmer gehen. Nach Aufforderung setzt er sich auf den Heizkörper, unter den Stuhl, neben den Schrank, vor den Fernseher …

Schmetterlingstanz

Vorbereitung: Aus Seidenpapier wird ein kleines Rechteck geschnitten, in der Mitte etwas zusammengerafft und mit der Büroklammer fixiert, aus Pfeifenputzer können Fühler angebracht werden.

Der kleine Schmetterling tanzt lustig durch die Gegend. Ein Kind legt sich auf den Boden und schließt die Augen. Die Spielleitung landet mit dem Schmetterling zu folgendem Vers auf verschiedenen Körperstellen des Kindes: *Flatter-Flatterding, wo sitzt der Schmetterling?*
Kann das Kind mit geschlossenen Augen sagen, wo der Schmetterling gelandet ist?

Variation: Schwieriger wird es, wenn der Schmetterling zwei- bis dreimal landet und das Kind aus dem Gedächtnis alle Landeplätze nennen soll.

Alter: ab 3 Jahren
Anzahl: ein Kind und mehr
Materialien: Seidenpapier, Büroklammer, Pfeifenputzer
Förderbereiche: Sprechfreude, Wortschatz, Begriffsbildung (Körperteile), Sprachverständnis, Feinmotorik/Koordination, Zuhören/Sinn erfassen, Körperwahrnehmung in Sprache umsetzen, Wissenserweiterung, emotionale Entwicklung

Prinzessin auf der Erbse

Vorbereitung: Unter einer Decke werden mehrere Kleinteile – die Erbsen – verteilt. Den Kindern sollte das Märchen von der Prinzessin auf der Erbse bekannt sein.

Das Kind legt sich auf die Decke und beklagt sich über die vielen Erbsen unter seinem Lager. Dazu spricht es wie folgt: „Unter meinem Bein liegt eine Erbse. Unter meiner Schulter liegt eine Erbse …“ Die Spielleitung als ergebener Diener muss sofort nachsehen und die jeweilige Erbse entfernen.

Alter: ab 3 Jahren
Anzahl: ein Kind und mehr
Materialien: Flaschenkorken oder Flummis, dicke Decke
Förderbereiche: Körperwahrnehmung, Körperwahrnehmung in Sprache umsetzen, Körperteile benennen und zuordnen, freies Sprechen

Geräuschvolle Aktionen

Alter: ab 3 Jahren
Anzahl: ein Kind und mehr
Materialien: verschiedene Dinge, mit denen Geräusche entstehen, eventuell Kassettenrekorder
Förderbereiche: Hören, akustische Wahrnehmung gedanklich und sprachlich umsetzen, Erinnern, Wortschatz, Kommunikation (beschreiben und erklären)

Vorbereitung: Während die Kinder zusehen, werden verschiedene, alltägliche Aktivitäten durchgeführt, durch die Geräusche entstehen, z. B. Fenster öffnen, Papier zerreißen oder knüllen, Bauklötze aufeinanderstellen, Schere öffnen und schließen, Teller auslöffeln …

Ein Kind stellt sich hinter einem Vorhang oder hinter dem Rücken der andern auf und führt eine geräuschvolle Aktion durch. Wer weiß, um welche Tätigkeit es sich handelt und die Aktivität richtig benennt oder beschreibt, darf das nächste Geräusch machen.

Pantomime

Alter: ab 5 Jahren
Anzahl: zwei Kinder und mehr
Förderbereiche: Reihenfolge einhalten, Fantasie, Handlungen benennen, Wortschatz

Ein Kind überlegt sich eine Handlung, etwa Zähne putzen, Spaghetti essen, tanzen … und spielt sie ohne Worte vor. Dabei gilt es, auf die Reihenfolge aller kleinen Handlungsschritte zu achten. Die anderen erraten, welche Handlung da vor ihren Augen ausgeführt wird. Wer zuerst richtig rät, darf die nächste Idee pantomimisch umsetzen.

Hinweis: Zur ersten Erklärung des Pantomimenspiels ist es sinnvoll, mehrere kleine Szenen vorzuspielen, damit die Kinder erkennen, wie wichtig es ist, einen Handlungsablauf im Ganzen darzustellen.

Was fühle ich da?

Vorbereitung: Zunächst dürfen die Kinder alle Materialien sehen und betasten, dabei werden diese benannt, das Material genannt und auch darüber gesprochen, wie sie sich anfühlen.

Einem Kind werden die Augen verbundenen. Ein anderes Kind darf einen Gegenstand aus dem Korb nehmen und dem Kind reichen, verbunden mit der Frage: „Was ist das? Weißt du, was das ist?“, oder ähnlich. Das Kind soll das Ding ertasten, mit den Händen oder sogar mal mit den Füßen. Ziel ist es herauszufinden, worum es sich handelt. Wer kann außerdem das Material erkennen und die Gefühle, die durch das Tasten entstehen können beschreiben? Kann jemand beschreiben, was mit dem Gegenstand normalerweise gemacht wird? Dem Kind mit den verbunden Augen dürfen gezielt Fragen gestellt werden. Hat das Kind richtig geraten (und alle Fragen beantwortet), benennt es den Gegenstand und eventuell dessen Verwendung mit einem ganzen Satz: „Das ist ein …, damit kann ich schreiben, das kann ich essen …“ Es kann die Augenbinde abnehmen und an ein Kind seiner Wahl weitergeben.

Vertiefung: Ein Kitzelweg mit weiteren Materialien wird aufgebaut. Die Kinder durchlaufen den Weg, benennen, worauf sie gehen, und beschreiben, wie sich das Material anfühlt.

Alter: ab 3 Jahren
Anzahl: ein Kind und mehr
Materialien: verschiedene Materialien in einem großen Korb – z. B. eine Feder, ein Stückchen Fell oder ein Kuscheltier, eine Schale mit Wasser, ein Stück Moos, ein Steinchen, eine Schale mit Sand, ein Löffel, Buntstifte, ein Spitzer, ein Bauklotz, Nagelbürste –, Augenbinde
Förderbereiche: taktile Wahrnehmung, Übertragung der taktilen Wahrnehmung in Sprache, Beschreibung von Tastempfindungen (Adjektive), Wortschatz, Sprachmuster „Fragen und Antworten“ verinnerlichen

Obstratespiel

Alter: ab 3 Jahren
Anzahl: ein Kind und mehr
Materialien: verschiedene Obstsorten, zum Teil zu kleinen Kostproben zurechtgeschnitten, eventuell Augenbinde
Förderbereiche: Kommunikation (beschreiben, erzählen, freies Sprechen), Wahrnehmung, Konzentration, Wissenserweiterung

Einem oder mehreren Kindern werden die Augen verbunden. Kann es nur am Geschmack erkennen, welches Obst es gerade kostet? Kann es den Geschmack beschreiben? Die Kinder können verschiedene Obstsorten auch zunächst ertasten und dann kosten.

Hinweis: Für jüngere Kinder ist es wichtig, das Obst auch als Ganzes sehen zu können. So fällt ihnen die Zuordnung leichter und es wird möglich, das Obst auch zu ertasten und seinen Duft zu schnuppern. Wer mag, kann auch unterschiedliche Gemüsesorten anbieten.

Schnupperdosen

Alter: ab 4 Jahren
Anzahl: ein Kind und mehr
Materialien: Filmdosen oder Babykostgläser, stark duftende Gegenstände oder Duftöle, evtl. Watte, Augenbinden
Förderbereiche: Wortschatz, Wahrnehmung, Konzentration, Sinneseindrücke in Sprache umsetzen, Erinnern und Beschreiben, Wissenserweiterung

Vorbereitung: Die Dosen werden mit unterschiedlichen Geruchsproben gefüllt. Es bieten sich kleine Seifenstückchen, Kräuter, Essig, Parfüm … an. Flüssige Duftproben können auf einen Wattebausch geträufelt werden.

Dem Kind werden die Augen verbunden. Kann es durch schnuppern an den Dosen erraten, um welchen Inhalt es sich handelt? Die Geruchseindrücke können beschrieben werden. Das ist gar nicht so leicht – Kinder wählen häufig eine vergleichende Beschreibung und assoziieren frei.

Freche Reime, Unsinnsverse, Wortspielereien und Lieder

Das Spiel mit Reimen und Liedern spricht schon kleine Kinder an. Je älter Kinder werden, desto mehr werden sie selbst kreativ und spielen mit Sprache. Dabei entstehen manchmal lustige, manchmal freche Reime, die den Erwachsenen nicht immer gefallen und nicht unbedingt „stubenrein“ sind. Doch gerade das macht den Reiz vieler überlieferter Reime aus.
Durch freche und lustige Verse wird die Lust der Kinder zum Umgang mit Sprache, also die sprachliche Kreativität angeregt. Es entstehen seltsame, verdreht klingende Wörter und manchmal gar ganz eigene Sprachen. Ich meine, wir sollten deshalb manchmal ein Auge zudrücken, wenn Kinder zum selbstbestimmten und manchmal frechen Gebrauch ihrer Sprache greifen. Kinder finden Unsinnsverse und Ulkreime lustig und erfreuen sich am Wortwitz, und ganz nebenbei wird ihr logisches Denken und das Sprachverständnis angeregt, wenn Kinder Sinnzusammenhänge herstellen und Fehler durchschauen. Dabei macht es ihnen besondere Freude, selbst eigene Sprüche und verdrehte Aussagen zu erfinden – auf diese Weise macht das Spiel mit Sprache vor allem Spaß!

In der Schule

Eins, zwei, drei, vier, fünf, sechs, sieben,
in der Schule wird geschrieben,
in der Schule wird radiert,
bis der Lehrer explodiert.
Lehrer muss ins Krankenhaus,
streckt den Po zum Fenster raus.
Die Schwester hat's gesehn
und du musst gehen.

Zehn Polizisten (überliefert)

Zehn Polizisten
hüpfen in die Kisten,
hüpfen wieder raus,
und du bist raus.

Halli, hallo, mich beißt ein Floh (überliefert)

Halli, hallo, mich beißt ein Floh,
ich weiß nicht wo, drum kratz ich so.

Eene meene Mopel (überliefert)

Eene meene Mopel,
wer frisst Popel?
Süß und saftig,
eine Mark und achtzig,
eine Mark und zehn –
und du kannst gehn.

Die Kuh im Schwalbennest (überliefert)

Es saß 'ne Kuh im Schwalbennest
mit sieben jungen Ziegen,
die feierten ein Jubelfest
und fingen an zu fliegen.
Der Esel zog die Schuhe an,
ist übers Haus geflogen,
und wenn das nicht die Wahrheit ist,
so ist es doch gelogen.

Trarira

Trarira, heute bin ich da,
trarire, ich war schon auf dem See,
trariri, das glaubst du mir doch nie,
trariro, heute bin ich froh,
trariru, ich lache immerzu.

Oh Tannenbaum (freches Lied)

Alter: ab 5 Jahren
Anzahl: ein Kind und mehr
Förderbereich: Kreativität

Nachdem die Kinder in der Adventszeit häufig das altbekannte Lied vom Tannenbaum gesungen haben, taucht eine neue, ziemlich freche Variante auf. Die klingt so:

Oh Tannenbaum, oh Tannenbaum, der Opa liegt im Kofferraum, die Oma knallt den Deckel zu, der Opa ruft du dumme Kuh. Oh Tannenbaum, oh Tannenbaum, der Opa liegt im Kofferraum.

Die Kinder erfinden oft unter viel Gekicher immer neue Varianten und haben viel Spaß dabei. Sie möchten damit bestimmt niemanden verletzen, aber wir sollten sie auf mögliche „Nebenwirkungen" hinweisen.

Schweinsöhrchen

Alter: ab 6 Jahren
Anzahl: zwei Spieler und mehr

Ihre Kinder haben schlechte Laune und sind durch nichts aufzuheitern? Versuchen Sie es doch einmal damit – Kichern und Lachen verboten! Ein Spieler stellt den anderen Spielern verschiedene Fragen. Die Befragten dürfen alle Fragen nur mit einem Wort, nämlich „Schweinsöhrchen" beantworten und sollen dabei keinesfalls lachen. Ein paar Beispiele: Womit spielst du am liebsten? Wie heißt dein bester Freund? Was hast du in deiner Hosentasche? Was wünschst du dir zum Geburtstag?
Ihre Kinder merken schnell – nicht zu kichern und zu lachen, ist bei diesem Spiel einfach unmöglich!

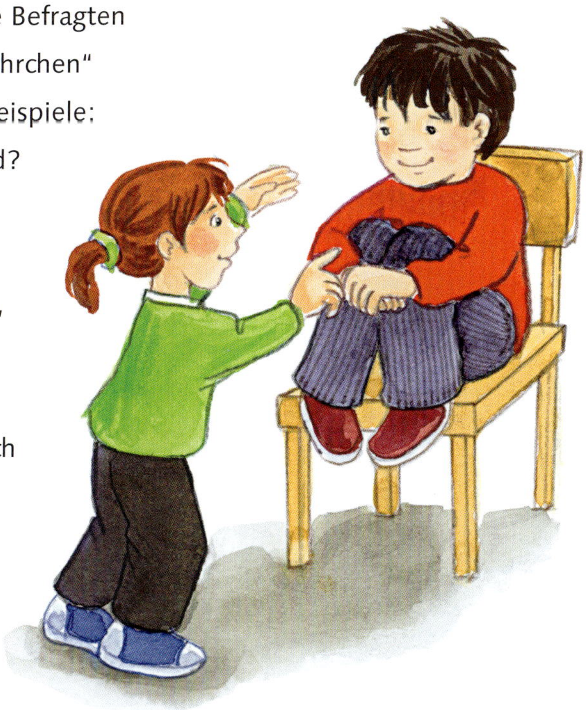

Hinweis: Anstatt Schweinsöhrchen können wir natürlich auch andere Wörter vorgeben, wie wäre es mit Rattenschwanz, Kuhfladen oder Stinkkäse.